智慧型班主任实践丛书

丛书主编◎李伟胜

用三层方法
建构班级管理的立体格局

李伟◎著

班主任工作的

系统方法

华东师范大学出版社

·上海·

图书在版编目(CIP)数据

班主任工作的系统方法/李伟著.—上海:华东师范
大学出版社,2014.3
(智慧型班主任实践丛书)
ISBN 978-7-5675-1877-3

Ⅰ.①班… Ⅱ.①李… Ⅲ.①班主任工作
Ⅳ.①G451.6

中国版本图书馆 CIP 数据核字(2014)第 043469 号

本书是湖北省教育科学"十二五"重点课题《基于"工作坊"的班主任专业发展新模式研究》(项目批准号 2013A003)及国家社科基金教育学一般课题《工作坊:班主任专业发展新模式的个案研究》(项目批准号 BEA130030)的研究成果。

班主任工作的系统方法

著　　者　李　伟
责任编辑　吴海红
审读编辑　陈长华
责任校对　林文君
装帧设计　卢晓红

出版发行　华东师范大学出版社
社　　址　上海市中山北路 3663 号　邮编 200062
网　　址　www.ecnupress.com.cn
电　　话　021-60821666　行政传真 021-62572105
客服电话　021-62865537　门市(邮购)电话 021-62869887
地　　址　上海市中山北路 3663 号华东师范大学校内先锋路口
网　　店　http://hdsdcbs.tmall.com

印 刷 者　常熟市文化印刷有限公司
开　　本　787 毫米×1092 毫米　1/16
印　　张　10
字　　数　164 千字
版　　次　2014 年 5 月第 1 版
印　　次　2023 年 5 月第 4 次
书　　号　ISBN 978-7-5675-1877-3/G·7242
定　　价　30.00 元

出版人　王　焰

序

在持续十余年扎根班级管理实践开展学术研究的过程中,我非常钦佩各位班主任的敬业精神。随着研究不断取得进展,尤其是看到许多优秀班主任的创造,我看到一个越来越清晰的发展方向:这个时代更需要"智慧型班主任",而不仅仅是"勤奋型班主任"和"爱心型班主任"。

"勤奋型班主任"的典型特征是为应对层出不穷的各项班级事务而勤劳工作,甚至为此而每天提前上班、推迟下班;"爱心型班主任"的典型特征是对学生的无限关爱,乃至事无巨细、人无远近,解决学生遇到的麻烦的最高对策就是教师的爱心。事实上,无论是"勤奋"还是"爱心"都不是教师的专业特征,而最多只能是非专业特征,即适用于其他任何职业或专业的特征。相比之下,"智慧"——用先进的教育思路和系统的教育方法为其内涵的专业智慧,才是作为专业人士的班主任最应该彰显的专业特征。这就意味着,我们的工作效率很高,可以潇洒地按时上班和下班,从而超越"勤奋型班主任";这也意味着,我们可以超越"爱心型班主任",充分利用"生生交往"来激发每一位学生"个体自主",让学生的生命活力得以相互激发,而不必等着一位班主任或更多教师广施爱心。

要让专业智慧成就专业人生,我们不仅需要在日常工作中形成超越"勤奋型班主任"和"爱心型班主任"的实践方略,而且还需要用研究的心态来面对充满活力的班级生活——这就是我们主张智慧型班主任"实践创新"的两层含义。为此,这套丛书力图探索的不仅是处理班级事务的具体技法,更多的是激发学生参与班级建设的"教育思路"、"系统方法"、"整体计划"。不仅如此,所有这一切宏观的战略、中观的部署都要化为微观的活动，但这种具体的活动已经超越了琐碎的、就事论事的格局，汇成了班级生活中的"系列活动"，帮助学生敞开奏响心灵之歌、汇成生命乐章的新空间。

实际上，这套丛书得以形成，不仅得益于作者深入中小学实践中开展的班级建设研究，更得益于和我们一起合作研究的诸多班主任的创新之举。在合作研究中，这些班主任不满足于勤奋地应对事务、不满足于用一个人的爱心来解决所有人的发展问题，而是努力探索能够适应这个时代的新的教育智慧。他们发自内心的真诚而富有灵气的专业追求、他们发动学生开展的真切而富有活力的班级活动、师生共同创造的真实而充满豪情的发展成效，让我们看到了这一领域中充满希望的新空间。正是在这样的希望空间中，才有可能出现新的班主任、新的班级、新的教育思路、新的教育方法、新的生命品质。

在这样的希望空间继续前行，我们会为自己是"智慧型班主任"及其同路人而更加自豪。

李伟胜
2013 年 8 月

目录

导 言

　　班级管理内在的专业智慧表现为内在的教育思路,而班级管理外显的专业方法则表现为班级管理的系统方法或方法系统。

　　"智慧型班主任"的班级管理系统方法或班级管理方法系统,由相互渗透、内在相通的三个层面构成。

　　第一层为班级管理方法系统的"思想性方法层"——"基本策略",包括以"成事育人"为核心取向,以"培育自觉"为教育基础,以"交往共生"为教育方式三条班级管理的基本策略。

　　第二层为班级管理方法系统的"谋划性方法层"——"主要措施",包括建设民主合用的管理体制、创设主动参与的活动机制、营造开放舒心的班级文化三条班级管理的主要措施。

　　第三层为班级管理方法系统的"技术性方法层"——"常用技法",包括班级管理工作的策划、组织、实施、反馈和改进五个方面的常用技法。我们用图 0-1 来表达它们之间的关系。

　　班级管理方法系统的"思想性方法层"——"基本策略"(basic strategies)是对学生个体和班级整体发展起着定向、原则作用的班级教育方法。它是对班级管理教育思路的具体展开,相比班级管理方法系统的后两个层次的方法(措施、技法),这些策略超越具体的事务处理,具有更广泛的适用性。

思想性方法层：三项教育策略
1. 选择成事育人的价值取向
2. 培育自觉自主的教育基础
3. 采用交往共生的教育方式

谋划性方法层：三条工作措施
1. 日常管理民主化
2. 班级活动主题化
3. 班级文化生命化

技术性方法层：系列操作技法
1. 策划　2. 组织　3. 实施
4. 反馈　5. 改进

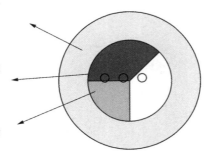

图 0-1　班级管理方法系统示意图

班级管理方法系统的"谋划性方法层"——"主要措施"（main tactics）是针对班级教育工作中三个主要方面（管理体制、活动机制、文化建设）开展工作的系统方法，也就具体表现为三条措施。至此，较为抽象的教育思路、较为多样的基本策略，也就化繁为简地凝聚在简洁明了的三个领域的系统措施之中了。这些措施居于策略之下，将班级教育思想简洁而有效地落实到日常工作之中；但它们又居于技法之上，可以融合各种更为具体的做法，使之形成一种整体格局，而不至于让班主任继续用琐碎的技法忙碌于繁琐的事务之中。

班级管理方法系统的"技术性方法层"——"常用技法"（common techniques）是处理各种具体事务时所用的方法，例如设计班级计划、开展班级工作的流程、一次班会的具体策划和实施、一次竞选班干部活动的组织、图书角的管理、班级值日制度的设计等等。它们最具体地面对各种事项，但它们也最具体地、同时也最具综合性地体现着班级教育思想。也就是说，每一条技法，都综合性地体现着前面所述的教育思想，它们不是无需思想的操作手法。

多年实践研究表明，班主任若能理解并熟练运用这套方法系统，就可望用自主的专业智慧有效处理各种班级管理工作，在激发学生自主发展意识、培养学生主动发展能力的同时，将班主任自己从琐事中解放出来，用更高的教育智慧引领学生发展，真实高效地提升学生的精神生命质量。

第一章
班级管理方法的系统视野

在具体阐述班级管理的方法系统之前,我们有必要对其前提问题即"为什么要在班级管理方法领域引入系统视野"做一个比较全面的说明和论证,以便加深读者对班级管理方法系统背景的整体理解,促进读者对班级管理方法系统真正的内在神韵的把握和运用。

班级管理方法系统的提出首先针对的是班级管理实践领域存在的诸多真实问题:班级管理在实践中丧失了独立性而成为学校教学活动、学校行政等领域的附属事务,失去了其丰富的教育意义;把具有丰富性内涵的班级管理降格为"唯操作化"、"唯技能化"的具体技能,陷入琐碎和平庸;班级管理的相关理论也缺乏清晰、准确的专业定位,停留在平面的经验归纳,充斥着相关学科专业的理论话语等。

除了上述问题的针对性,班级管理方法系统的提出还有着深厚的支持基础:其一,优秀班主任们的班级管理实践启发我们高品质的班级管理实践必须具有系统视野。其二,诸如"新基础教育研究"等教育研究领域长期、深入、科学的研究也表明,学生发展和班级建设工作有必要也完全有可能建立起系统的工作方法,并且班主任在班级管理中有必要也完全有可能建立起"系统意识"。其三,许多其他领域的研究都共同见证了系统思维方法的独特价值。例如,系统方法论对系统"拆台状态"、"内耗状态"和"涌现状态"的分析,从更宏观的意义上证明了班级管理领域也是一个系统的存在,需要系统的思维方式,追求系统的成长;又如,管理学大师彼得·德鲁克关于知识社会背景下管理者自身角色变化的卓越思想，也启发着作为班级管理者的班主任从传统管理者向有效管理者、自我管理者、系统管理者的转化；再如，杜威关于"方法"的深妙思想则启发着我们不能把班级管理方法当成孤立的因素，而应该放在情境中保持系统的对待和思考。

正是基于以上班级管理领域问题的剖析和各领域对班级管理系统方法的有益启发和探索，我们才得以更有信心地确立班级管理方法系统的价值和意义，并提出"班级管理方法系统"实际上是管理精神、系统精神、方法精神和教育精神的"合金"。进一步而言，我们提出班级管理的立体方法系统由基本策略、主要措施和常用技法三层次组成。它表达的是班级建设过程中的"方法的系统化"，用以帮助班主任教师运用和创造"合宜"的方法体系重新开展班级建设的教育过程。

一、班级管理领域存在的问题：班级管理方法缺乏系统整理

（一）班级管理在实践中成为附属事务

"班级管理"用以指称通过班级展开的各种教育活动。它包括不同学者分别表述为班级建设、班级德育工作、班主任工作、班级教育、班级经营的内容。[①] 在实践中，班级管理工作往往被看做附属于其他教育活动的工作，目的仅仅是为其他教育活动维持秩序、营造氛围。相对于学科教学，不少地方的教育管理部门和学校领导并不认同班级管理的专业性。例如，作为一名教师，其专业身份标志往往是"语文教师"、"数学教师"、"英语教师"、"化学教师"等学科教师；相比之下，"班主任"似乎难以被承认为一种"专业身份"。从工作分配上看，在目前的中小学中，担任班主任的教师还承担着学科教学的任务，担负着与其他科任教师等量的教学量，这使得班级管理成为附属于教学活动的事务性工作。

在这样的情况下，班级管理只具有维持班级教育活动正常运行、营造学习氛围的组织功能，或成为上级教育部门政策和措施发布、学校事务性工作传达和实施的执行工具。例如，"有的班主任只是学校的'传话筒'，在常规班会上一味地说学校布置什么

---

① 李伟胜：《班级管理研究：需要"上下求索"之道》，《教育科学研究》2009(5)。

任务了,讲什么了,或者某某校长或者主任要求什么了,等等。这样的讲话没有从班集体建设和学生发展的角度出发,也没有结合本班的班情和学生特点,就像'传话筒'一样".[1] 这样开展的常规班会已经失去了教育性价值,教师只是学校事务传达性的工具,学生也相应成为执行任务的棋子。[2]

在学校教育实践中的另一种倾向是,将班级管理看做需要专门技能,但无需教育思想的事务性工作。于是,人们习惯了班主任工作繁琐、忙碌的"老黄牛"形象,乃至于将班主任最核心的素养归结为"工作技能"或"绝招"。多数有关班级管理的教材或专著缺乏对更高层次、更具系统性的教育思想的整合,未能超越感悟式的个人经验、突出爱心或某种"兵法""秘技"式的典型个案。结果,纵然有大量"教育学"教材专章讨论班级管理,但仍然缺乏有足够解释力和指导力的系统的班级管理整体思路和方法。

当班级管理囿于相对狭窄的事务工作领域及相对浅层次的事务处理,总结和吸收着自己与别人的经验,套用带来些许灵感却缺乏论证的理论术语或命题就成了班主任的工作思路。尽管这样的工作思路也可能会带来一些创新,但它并未根本改进班级管理陷入庞杂事务而缺乏系统教育方法统摄和指向的无序状态。

(二)班级管理思路降为具体技能

在班级管理的日常实践中,极容易出现一种"唯操作化"、"唯技能化"的倾向,即仅仅把教育价值和内涵丰富的班级管理领域等同于某些具体的操作或技能,这实际上是把班级管理降格为了具体技能,从而使得班级管理失去了内在的"灵魂"和"线索",陷入了琐碎与平庸。这体现在,一方面,不少班主任缺乏系统全面的班级管理思路,疲于应付每天层出不穷的班级琐事,班级管理效率低下;另一方面,不少班主任依靠严格的班规管理和奖惩措施将班级治理得"井井有条",学生却缺乏活力和自主的创造力。

比如,将班级管理方法平面罗列为各种事务处理方法,缺乏横向和纵向的系统整合,让许多教师无所适从、身陷繁琐杂事中难以自拔。

---

① 徐永晨、周金宝:《不知如何有效利用常规班会》,《班主任》2011(3)。
② 李家成:《常规班会——回归教育的本真》,《班主任》2011(3)。

"1＋1＞2"的班级制度体系[①]

A教师来信:陈老师,您好,我是正在带高一年级普通班的数学老师,学生很调皮,实行加减分的措施,刚开始还管用,后来学生就疲了,越来越不听话,我该怎么办啊? 老是觉得心情不好。

这是很多班主任在实行班级量化评分制度中遭遇到的情况。导致这一现象发生的原因,一是评价手段单一导致了量化评分的实际效果不佳。刚刚引入评分制时,学生还感觉到比较新鲜,用了一段时间之后,一些扣分比较多的学生开始不在乎分值了。这就好比学生在学习上的漏洞太多,感觉补也补不上,干脆破罐子破摔,债多不愁了。学生一旦不在乎分数,量化评分就失去了它的杠杆作用,意义也就不大了。二是一般的量化评分制度都是以扣分为主,消极成分较大,激励作用不够。

原因分析清楚,就可以开展有针对性的工作了。我回复他说:因为你对学生行为的调控只有一个减分制度,很单薄,时间长了,学生自然就不在乎了。建议增加调控手段,并且挖掘分数的延伸作用,把分数所对应的奖励和惩罚细则明确起来,这样的力度就大了。否则,单靠一个减分,确实效果不佳。我班也实行常规工作减分制,但是,分数的背后,却有一系列的处理措施,这才是解决问题的关键。

"1＋1＞2"的意思是班级制度要形成体系,相互联系,相互配合,就能发挥比单一制度更好的效果。每一项制度都有它的作用,但是,这种作用是局部的、有限的。做教育管理要善于"打组合拳",每一项制度在独立发挥它的作用的同时,一定要依附于一个完整的制度体系。多个相互联系的制度配合起来使用才能得到最佳效果⋯⋯

有些班主任试图借鉴、吸收别人好的班级管理方法,但往往只能看到班级管理的"技法"、"技能"层面,而没有理解优秀班级管理方法背后的内在思路和整体设计,于是简单照搬、"平行迁移",结果却适得其反。在上述案例中,陈宇老师在班级管理中也采用了"常规工作减分制"等具体班级管理技能或技法,但这一具体班级管理技能背后却

[①] 陈宇:《班级教育管理制度综论(下)》,《班主任之友》(小学版)2012(4)。

是有清晰的班级管理思路和一整套班级管理方法体系的配合。但 A 老师却如"盲人摸象",只是从整体中看到了"部分"、在立体体系中只看到了"单一平面",因此,他实施的减分制班级管理操作就"失灵"了。究其原因,就在于 A 老师只是进行班级管理方法的平面式、点状式"迁移",而对整个班级管理各项事务之间缺乏整体、系统、内在思路的思考

竞选制,让我走出民主治班第一步①

第一次担任九年级的班主任时,由于没有经验,我就根据学生八年级的成绩和经历,结合学生本人的意愿,采用指定的方式选拔了十位班干部。一学期下来,效果一般,班干部工作很不主动。第二学期,为了让更多的学生得到锻炼,我决定轮换班干部,除学习委员没变外,其余都更换了。也许这批学生学习成绩不十分突出,但主动性和激情却都不够,班级工作照样没什么起色。

一年的实践告诉我,采用直接任命或简单轮换的方式选拔班干部都不科学,只适用于班主任刚接手一个新班,不熟悉学生的情况下短时间内运用。

第二年当班主任时,我开始尝试采用班干部竞选制,把岗位的职责告诉大家,要同学们根据自己的实际情况参加竞聘、写好讲稿,发表竞选演说。竞聘演讲结束后,我会组织学生当场投票,然后由学生当场唱票,做到公平、公正、公开。

几年的实践证明,竞选选出的班干部整体素质高、工作能力强、做事主动,学生也很拥护,对管理好班级发挥了巨大的作用。

上述案例中的老师开始担任班主任时,按照自己的意愿实行任命班干部的制度,结果班干部工作不主动、班级工作效果一般。接着为了调动学生的积极性,又改为实行班主任直接指定下的班干部轮换制,但学生依然缺乏主动性和激情,班级仍旧没有活力。这是因为,班主任的班级管理具体操作没有先进的教育思想和内在的班级管理思路给以支持和指导。因此,其出发点仍然是"管",而非培养学生的主动精神与能力,这样的班级管理操作或具体措施或许能暂时性地"管"住学生,但是却压抑着学生内在

---

① 杨恕,张爱平:《竞选制,让我走出民主治班第一步》,《班主任之友》(中学版)2011(3)。

精神生命的成长需要和可能性。庆幸的是，这位班主任在实践中不断摸索与反思，最后通过班级民主竞选班干部，将主动权真正交给学生，终于真正激发学生的热情和能力，使得班级管理提升到了新的境界。

在实践中，班级管理的具体技法、技能只有在系统的班级管理教育思想和班级管理思路的引领下，才能在提升班级管理效能的同时，更好地实现班级管理的教育功能，帮助学生和教师全面成长。

（三）班级管理理论缺乏专业定位

在通常的教育学教材中，对"班级管理"（班集体建设、班主任工作）有三种常见的处理方式：[①]（1）不设专门的章节讨论班级管理。最多只是在讨论"教学"时将班级作为一种"教学组织形式"。（2）将"班级管理"作为德育工作的一个组成部分和实施德育的诸多途径之一。（3）将"班主任工作"或"班主任与班集体"作为一项学生管理工作。处理方式（1）背后的"教育学体系"实际上还是把"班级管理"的研究局限在课堂教学的范围之内，因此班级管理并不是一个相对独立的学校教育领域。处理方式（2）背后的"教育学体系"实际上是以教育任务为分类标准，把德育、智育、体育（或还有美育和劳动教育）等并列论述，于是"班级管理"就成为了德育的一个部分。处理方式（3）背后的"教育学体系"则是以教育活动的实践形态为分类标准，把学校"管理工作"与"教学工作"并列论述，于是"班级管理"就成了学校"管理工作"的一部分。

以上有关"班级管理"（班集体建设、班主任工作）的处理方式，经常混杂在一起。相应地，"班级管理"（班集体建设、班主任工作）的定位也就出现麻烦，让人感到纠结不清，难以言状。在理论体系上，使得这一领域的表述名称和分类标准存在着多种选择，而这正好是"教育学体系逻辑混乱的表现"[②]。

此外，在对"班级管理"的论述方式上，或者停留于对经验的抽象归纳、平面罗列（甚至将"家长的心肠"作为一个学术概念用来描述班主任的素质），缺乏学术立场；或

---

① 李伟胜：《教育学研究立场的三层次析》，载于叶澜主编：《立场》，（"生命·实践"教育学论丛，第 2 辑），桂林：广西师范大学出版社，2008。
② 叶澜：《"新基础教育"论——关于当代中国学校变革的探索与认识》，北京：教育科学出版社，2006，第294 页。

者满足于引用社会学、心理学等学科多样化的理论话语,缺乏教育学的学科立场。[1] 这些情形表明:班级管理理论自身迫切需要更为清晰的专业定位。

二、班级管理领域的有益探索:"系统方法"的必要性与价值

(一) 优秀班主任的实践给我们的启示

在教育实践中,我们会发现优秀的班主任几乎都是善于反思、总结、归纳和提炼的教师,他们之所以优秀,在于都有自己的"一套"班级管理思想和办法。其实,他们都在有意或无意地运用系统方法的智慧进行班级管理。

例如,广大班主任比较熟知的著名班主任魏书生,他就是一个善于吸收系统方法智慧的教师。据统计,从 1983 年到 1994 年 11 年间,魏书生同时担任班主任和语文教师,还自 1986 年起兼任学校校长及书记,每年外出开会 4 个月以上,跑了 40 多万公里的路,在 30 个省、市、自治区作了 6660 多场报告,讲了 520 多节公开课,接待了 28 个省市的 38000 多人次来访,处理了 15000 多封来信,发表了 100 多篇文章,主编或撰写了 12 本书。另外还担任了全国教育科学规划领导小组成员,全国中学学习科学研究会理事长等 38 项社会兼职。[2] 在这样繁杂、忙碌的工作节奏之下,魏书生的语文教学和班级管理工作依然扎实有效,深受学生、家长、学校和社会的认可,这都得益于他善于运用系统思维,感悟系统智慧,运用系统方法。他自己曾说:"就深化对自我的改革而言,我注意处理好以下四种关系",即"和社会的关系"、"和工作的关系"、"和他人的关系"、"和自我的关系"。[3] 在班级管理方面,他认为"班级管理要靠民主和科学","班级从三个方面进行科学管理,即建立计划立法系统,建立检查监督系统,建立反馈系统"。[4]

山东省第一届十大创新班主任王立华老师是一位优秀的研究型班主任,在他的日常班级管理实践中,也非常善于运用系统方法。他认为给每个孩子提供个性化的学习

---

[1] 李伟胜:《教育学研究立场的三层次析》。
[2] 魏书生:《教学工作漫谈》,桂林:漓江出版社,2008 年,(序言)第 1 页。
[3] 同上,(序言)第 7 页。
[4] 同上,第 305 页。

帮扶，就是班主任的一项日常工作。由此，在具体实践中，他确立了四个重点：一是"个性化学习系统的建模"，包括了学生接口、教师（班主任）接口、专家知识库、学习材料库、学生模型等内容；二是"学生信息收集系统的建模"，包括对比性信息、基本信息和及时性信息等类型、内容；三是"家长参与课程设计系统的建模"；四是"学生的学习记录与使用系统的建模"。① 特教教师、优秀班主任丁如许老师也认为班主任要成为"班主任工作专家"，必须要用系统方法进行班级管理。他在自己的班级管理实践中，对中学班级全程系列活动进行了深入的研究和实践：根据需要，以系列活动的形式，每学期围绕一个主题开展系列活动，每学期系列活动之间又具有层递性，形成了初中 6 个系列、高中 6 个系列共 12 个系列 120 个活动的极为丰富的班级活动体系，取得了很好的效果。② 优秀班主任李迪老师也认为，学生的成长是一个连续的过程，我们的教育也应该是一个连续的过程。一个活动的结束并不意味着整个教育活动的结束，而是到达又一个起点。班级活动的拓展包括"衍生性活动"和"系列化活动"。前者指上一次活动中会出现一些新的有待解决的问题，或者有些问题没能在上次活动中得到解决，需要我们设计相应的新的活动来解决这些问题；后者指基于学生成长的年龄发展规律和对其发展问题的预见，根据学生的成长阶段设置系列活动，帮助学生成长。③

上海市金牌班主任"新基础教育"实验校华坪小学陆敏老师也极为善于运用系统化、序列化智慧进行班级管理。她曾经接过一个三年级班，当时班里学生的主要问题是不自信，她针对学生的问题和成长需求智慧地设计了"我们顶呱呱"系列活动。她带领学生开展了"顶呱呱找岗位"、"校运动会上顶呱呱"、"我的学习方法顶呱呱"、"欢迎你到顶呱呱餐厅"、"快乐的顶呱呱"等一系列"顶呱呱"主题活动和班会……学生的自信得到了明显的增长，取得了很好的教育效果。后来她又新接了一个三年级班，通过了解发现这个班学生有较强的自信心，比较聪明，学习成绩、体育、艺术等各方面在年级也是名列前茅，但他们喜欢自我表现，在纪律上比较自由散漫。陆敏老师开始想通过提高学生的自我管理和班级自主管理水平，来促进学生成长，于是设计了"自律我能行"的主题活动，并用得到一个自律奖可以贴一片小树叶，10 片小树叶就可以换一个

① 张万祥主编：《全国知名青年班主任谈专业成长》，北京：中国轻工业出版社，2011 年，第 192—194 页。
② 张万祥主编：《班主任专业成长的途径》，上海：华东师范大学出版社，2008 年，第 180—181 页。
③ 李迪：《做学生欢迎的班主任》，上海：华东师范大学出版社，2009 年，第 49 页。

苹果来吸引学生投入活动。但很快发现,学生只对物质方面显性的刺激(可以得到一片小树叶)感兴趣,而活动本身并没有引起学生的兴趣,没能激发他们的内在动力。陆敏老师没有放弃,又和家长、学生进行了交谈,发现平时父母亲表扬孩子用得最多的就是夸孩子聪明,所以这个班级的孩子很喜欢被人夸聪明,而且她还发现班级的学生常常私底下"比一比谁聪明",但孩子们眼中的聪明往往指智商方面。于是她针对学生们想做个聪明孩子的愿望,把自我管理、自我激励、分清是非、对待他人宽容等良好的行为习惯也融合进"聪明"的内涵,系统设计了"让我们更聪明"系列,如"学会聪明地利用好时间"、"学会聪明地安排零花钱"、"学会评价(聪明的学习之星、交往之星、安排之星等)"、"聪明的小当家"、"学会对自我进行'自我设计'('聪明的孙悟空')"等,让学生发现聪明还有另外一种表现:会自我管理是聪明的,会解决困难是聪明的,对他人宽容也是聪明的……使孩子产生做真正聪明的孩子的想法和动力,并积极地去做一个真正聪明的人。这些系列主题活动非常吸引孩子,收到了非常好的教育效果。[①]

(二) 多个教育研究项目对我们的启发

当今世界的教育问题的复杂性、不确定性、艰巨性,使得我们不能仅仅依靠学校教育系统或教育科研系统中某一单系统去解决这些问题,而需要以中小学为代表的学校教育实践系统和以大学为代表的教育研究理论系统之间的双向互动、真诚合作与彼此互补。

华东师范大学叶澜教授主持的"新基础教育"研究认为,"'班级建设'作为一种学校教育的实践领域并不依附于'课堂教学',而是与'课堂教学'相并列的,以'班级发展'为直接目标的实践领域"。[②] 课堂教学、班级建设和学校领导与管理这三个相对独立的领域构成了学校日常教育实践。班级建设主要由两大部分构成,一部分是有关学生在班级中日常的社会性质量提升型的建设;另一部分是有关班级集中进行的有主题、有设计的,具有专题性的班级活动系列的建设。前者具有弥漫性和渗透性,后者则

---

① 参阅李家成、王晓丽、李晓文:《"新基础教育"学生发展与教育指导纲要》,桂林:广西师范大学出版社,2009 年,第 348—351 页。
② 叶澜:《"新基础教育"论——关于当代中国学校变革的探究与认识》,北京:教育科学出版社,2006 年,第 295 页。

有集中表现和分散筹划、准备以及后续性延伸的长程特征。具体而言，班级建设的任务主要有组织制度建设、文化建设(内含显性与隐性的)和系列班级活动建设，主要指与学生成长需要相结合的班级活动的系列策划与实际开展。①

在上述班级建设思想指导之下，李晓文、李家成等"新基础教育"研究者进一步以系统化、序列化的方法探究学生发展和班级建设工作，在长期的班级建设理论与实践互动变革研究中，提出了从一年级至九年级基于学生成长需要的教育系列活动设计。他们认为班主任工作的智慧除了体现在"形成学生立场"、"学会解读"之外，还表现为"能否形成教育主题、形成整体策划"。教育主题是学生成长需要与教育价值实现之间的核心转换环节，是将学生的成长需要具体化为教育工作。而整体策划，是对教育主题的深入与拓展，是教育主题转化为具体的教育实践的中介。班主任在学生研究的基础上，形成学期、学年乃至于更长视野的学生教育工作策划，是对班主任研究能力与教育策划能力的整体挑战，更是当前班主任特别缺失的素养。② 此外，他们还认为班级管理工作中"系统意识"对班主任至少有两方面要求：其一，要求班主任在处理事务时从关注单一影响因素转变为综合系统分析；其二，要求班主任从关注学生当前状态转换为长程视野与系列活动设计、开展。③

(三) 其他领域的研究对班级管理"系统方法"的启发

如果我们进入更开阔的视野，而不是拘泥于就"班级管理"谈系统方法，我们会发现：还有许多不同的研究都共同见证了系统思维方法的独特价值。这可以印证我们对班级管理的系统方法的思考，让我们更有信心地往前探索。

1. 系统方法论带给我们的启发

从系统方法论的视角看来，教育系统整体运行至少存在着以下三种情况④：其一，

---

① 叶澜：《"新基础教育"论——关于当代中国学校变革的探究与认识》，北京：教育科学出版社，2006 年，第296 页。
② 参阅李家成、王晓立、李晓文：《"新基础教育"学生发展与教育指导纲要》，第 316—328 页。
③ 李家成：《打人的孩子、被打的老师和那个班级——基于班主任工作专业性的讨论》，《中国德育》2010(6)。
④ 本部分主要借鉴了蒋士会、郭少东的观点。请参阅蒋士会、郭少东《基于复杂性科学的课程研究》，载《第七次全国课程学术年会研讨会论文集》，武汉：中国教育学会教育学分会课程专业委员会、华中师范大学，2010 年，第 952 页。

"拆台状态":各个子系统之间"各唱各的调",非但不能够相互配合和支持,反而通过各种途径和手段来破坏对方功能的发挥,导致各子系统结构的破坏和功能的降低,甚至导致学校教育系统的崩溃。其二,"内耗状态":各子系统照常进行,但是系统间缺少沟通和交流的机制,或者说系统之间沟通和协调的机制发生了障碍,各部分只是在封闭式地、机械地发挥着各子系统本身的功能,连整体结构的"累加性"特征也没有达到。在这种情况下,教育系统的运行无法实现自组织,系统的涌现也不可能产生。其三,"涌现状态":各子系统相互配合、相互支持,朝着共同的目标协同进行,教育系统在运行过程中实现了结构的优化组合,教育系统的涌现现象得到了最大程度的释放,教育功能得到了最大程度的发挥。

上述这一系统原理对班级管理领域也具有方法论意义和实践指导意义,它提示我们:班级管理本身也是一个微观的教育系统,一方面它要和更大的教育系统产生联系和互动,寻求整体功能的自组织和"涌现"状态,另一方面班级管理领域自身也要寻求一种有机的"系统性",避免"拆台"、降低"内耗",实现班级建设领域的"自组织"和"涌现"状态。

综合起来看,"系统"方法论对于班级管理领域还有以下四个方面启发:

第一,从存在形态看,班级管理领域是作为一个系统存在。班级管理领域与课堂教学领域、学校领导与管理领域构成了学校日常教育实践系统的三个子系统,它们各有其自身独特的目标、结构、功能、运行方式等。

第二,从思维方式看,班级管理过程需要系统的思维方式。班级管理领域作为系统的存在,也规定了需要以系统的思维方式运用于班级管理过程。这种班级管理中的系统的思维方式包括层次思维、长程思维、整合思维、转化思维、关系性思维、立体性思维、生成性思维、反观研究性思维等。

第三,从目的取向看,追求"系统"的成长,建构"成长"的系统。班级管理领域作为系统的存在,也暗示着班级管理本质要追求的不是某一单因素、单主体的发展,而应该是"系统"的成长和"成长"的系统。

第四,从系统特性看,班级管理领域的核心特点是有生命活力的"人—人"系统。班级管理本质上是教育活动的范畴,因此它本质上是充溢着生命活力、能量、可能性与尊严的"人—人"系统,而非物性系统。"生命"的觉醒以及"生命"之间的丰富关系,才是这个系统中最核心的系统变量。

2. 彼得·德鲁克管理学思想的启示

毋庸置疑,班级管理虽然属于教育领域,但它也具有管理行为的属性。提升班级管理领域的专业性,既要考虑其教育的立场和规律,也要参考管理领域自身的发展规律。当代著名思想家和管理学大师彼得·德鲁克对这些问题的思考和研究,对于深入领悟班级管理的本质非常有启发意义。

(1) 在知识社会背景下,班主任教师更要以专业的管理者给自己定位

德鲁克认为现代组织中的知识工作者数量日益增多,现代社会也由此成为了一个"知识社会"。"知识劳动者不生产具体的'产品',而是生产创意、信息和观念"。[1] 由于知识工作者的成果通常要与其他人的成果结合起来才能产生效益,因此管理和管理者的作用日益凸显。这种变化,使得"管理"和"管理者"的定义也发生着变化。传统的"管理"定义就意味着"管理者就是'头儿'",管理就是等级和权力。以往"不论我们是谈论工商企业、政府机构还是非营利性组织,只有一个令人满意的管理定义:管理就是要让人力资源产生生产力"。[2] 而如今"管理者的正确定义应该是'应用知识并取得绩效的责任人'",[3]它"泛指知识工作者、经理人员和专业人员,由于其职位和知识,他们必须在工作中做影响整体绩效的决策。[4]

在知识社会中,教师包括班主任教师也是"知识工作者"。不但如此,其劳动对象是"人",从事的是与学生生命发生相遇和交往的职业,因此教师是更具有特殊性的"知识工作者"。既然如此,知识社会中管理和管理者内涵的变化一样适用于班级管理和班主任教师这一特殊的管理者。这些变化提示着我们,班级管理的内涵与方式也应该与时俱进,班主任教师更要以专业的管理者给自己定位。

(2) 在知识社会背景下,班级管理者必须"富有成效",并在实践中培养"效能"

在知识社会中,"富有效能"(或"卓有成效")成为了管理的核心。"发挥效能是知识劳动者的职责"。"对'体力工作'而言,我们所重视的只是'效率'。所谓效率,可以

---

① 彼得·德鲁克:《个人的管理》,上海:上海财经大学出版社,2006 年,第 77 页。

② 同上,(导言)第 5 页。

③ 同上,第 30 页。

④ 彼得·德鲁克:《卓有成效的管理者》,北京:机械工业出版社,2012 年,第 8 页。

说是'把事情做对'的能力",而对于"知识工作者"而言,必须具备"'做对的事情'的能力","唯有从事'对'的工作,才能使工作有效"。① 因此,效能的高低是衡量一个人是否真的是"管理者"最重要的标尺。在德鲁克看来,"凡注重贡献、对结果负责的人,无论其职位多低,都具有'高级管理者'的风范"。②

通过长年的观察和研究,德鲁克认为"一个人的效能与其智力、想象力或学问之间似乎只有很小的相关关系。有才气的人常常明显缺乏效能。他们不能明白非凡的悟性本身并非就是成就。他们绝不会认识到,悟性只有通过不懈的努力工作才能产生效能。"③事实上,"效能是一种习惯,也就是一整套复杂的习惯做法,而习惯做法总是能够学会的……习惯的东西要靠'实践实践,再实践'才能学会。"④

上述思想启发我们班级管理者也必须以效能为中心,当然,这种"效能"观必须在教育的立场下得以审视。同时,它启发我们,作为管理者的班主任不能仅仅根据自己的天赋、才能来"先天"地判断自己的班级管理效能。实际上,班级管理的效能也是在实践中得以培养和提升。

(3)在知识社会背景下,班级管理者应该从事务型的"传统管理者"转变为"系统型"的"有效管理者"

传统的管理者陷于繁琐的事务中,因为他们只关心发生的事务,所以这些管理者所有的事情都用在处理别人的事情上,简单地说就是传统管理者的时间属于别人。传统管理者的第二个特征就是:身在什么岗位上,就用什么样的思维方式来看待问题,所以导致部门之间的不合作,导致很多管理者"屁股指挥脑袋",不知道整个系统所需要的条件是什么。第三个特征是传统管理者只是专注于事务,忽略了对人的培养。此外,传统管理者身处组织之内,缺乏对组织之外情况的关注,因此容易受到组织的局限。而有效的管理者的特征在于关注时间管理,关注系统思考,关注培养接班人和善用他人的长处,关注贡献价值等。⑤

---

① 彼得·德鲁克:《卓有成效的管理者》,第2—4页。
② 彼得·德鲁克:《个人的管理》,第74页。
③ 同上,第58页。
④ 同上。
⑤ 彼得·德鲁克:《卓有成效的管理者》,序言第5页。

根据以上的观点,班主任极可能会陷入"传统管理者"的角色局限之中,不善于时间的管理,被各种事务性工作占用大量自己的时间,无法关注组织之外的事情,缺乏系统思考,容易抱怨而忽略对组织的贡献价值取向。班主任要通过不断地反思、学习和实践,逐渐从"传统管理者"转型为"有效的管理者"。

(4) 在知识社会背景下,有效的班级管理者必须包括"自我管理"

德鲁克认为,"管理者能否管理好别人从来就没有被真正验证过,但管理者却完全可以管理好自己。实际上,让自身成效不高的管理者管好他们的同事和下属,那几乎是不可能的。管理工作在很大程度上是要身体力行的,如果管理者不懂得如何在自己的工作中做到卓有成效,就会给其他人树立错误的榜样。"①

因此,在知识社会中"有效的管理者的自我提高,是组织发展的关键所在。企业机构如此,政府机构如此,其他研究机构、医院,以至于军事机构,都莫不是如此。这是所有组织迈向成功的必经之路"。"这种自我提高应该包括从技术性细节到工作态度、价值观、品格等各个方面,包括从履行工作程序到承担各项义务等各个领域。"②

通常人们习惯于把班主任教师的自我管理和成长从班级管理中"遗忘"出去,而一味地沉溺于对各种对"学生"进行"管理"的方法、技巧或策略之中。殊不知,班主任教师作为管理者的"自我管理"本身就是班级管理中不可分割的部分。班主任的自我管理与成长,对于班级建设有着"系统式"的影响。

3. 杜威关于"方法"的思想带来的启发

在实践界中,相当一部分的班主任有着对"方法"的迷信或崇拜,总盼望着从某位名师、某位专家或某个理论中即可学到"管用的"或"有效的"方法,而实际的效果往往让人并不满意。为什么会这样? 这可能源于对"方法"的本质和性质领悟得不够。对"方法"理解的最大的误区在于把它与对象、材料或目的进行割裂式的、二元对立性的理解,从而把"方法"剥离出来当作一个可以"孤立"存在且多少带有些"神奇"、"神秘"甚至"万能"的东西,由此才产生了对"方法"的迷信和崇拜。对于破除对"方法"的迷信和误解,著名的哲学家、教育家杜威作出了重大的贡献。

---

① 彼得·德鲁克:《卓有成效的管理者》,前言。
② 同上,第 165 页。

（1）"方法（系统）"不是某种相对于"对象"、"材料"或"目的"孤立存在的东西，它是一个完整情境中的因素

杜威一向反对各种形式的二元分离或对立，他认为"方法不是什么外在的东西。方法不过是材料的有效的处理——有效就是花费最少的时间和精力用材料达到一个目的"，"方法不过是为了某种目的运用某种材料的一个有效途径"。[①] 在他看来，"方法"是一个人类活动情境特别是各种问题情境中的一个因素而已，这个因素不能独立存在，它与其他因素都围绕着情境要解决的问题或要达到的目的，相互产生关系，一起为推动情境的进展，问题的解决服务。因此，没有仅仅作为"方法"的方法存在，"方法只是作为处理材料的方法存在"[②]。

把这个原理引用于班级管理领域，就可以帮助我们破除对各种被孤立理解甚至是神秘理解的各种"班级管理方法"的迷信和崇拜，因为这些"方法"最初也都是为了应对各种特殊的班级管理的问题情境而产生的，它和所处的情境、所面对的问题、所用到的材料或资源息息相关，互为一体，不可分割。之所以我们能借鉴或运用别人的"方法"，是因为情境之间的相似性。如果忽略了"方法"的这一本性，就会拿别人的独有的情境、问题或所谓"方法"来裁剪自己的情境、问题或"方法"的合理性、适切性，反之亦然。这都会造成对"方法"包括"班级管理方法"的极端态度——要么过分迷信，要么不尊重。

（2）"一般的方法"和"个人的方法"的关系

杜威还区分了"一般的方法"和"个人的方法"。

所谓"一般的方法"（或"公认的方法"），是指那些"一套长期积累起来的、相当稳定的取得成果的方法"，"别人的经验已经证明这些方法是在相同的获取知识的事例中最有效的方法"。[③]

何谓"个人的方法"？在杜威看来，"如果关于别人所用的方法的知识并不直接告诉我们怎么做，或给我们提供现成的模式"时，发挥作用的就是"个人的方法"。

杜威以医生看病为例，来说明二者的关系。医生这个行业尤其迫切需要"大家公

---

① 约翰·杜威：《民主主义与教育》，王承绪译，北京：人民教育出版社，2001年，第181—182页。
② 约翰·杜威：《民主主义与教育》，第181页。
③ 同上，第186—187页。

认的有关诊断和治疗的知识"，因为"大家公认的治疗方法给医生指明他自己应该独立进行什么研究，应该尝试什么措施……可以节省不少精力"，但是"各种病例毕竟只是类似，不是完全相同"，如果他只是采用这些"一般的方法"，而"不顾他自己的常识，不了解他必须应对的情境，这些方法比没有更糟"。但，如果医生获得这些"一般的方法"之后，对于"估量他所从事的独特领域的种种需要、办法和困难"和"思想"上"有所帮助"，那么这些"一般的方法"就有了"建设性的价值"。"医生的态度，他自己处理和他有关情境的方法"就是"个人的方法"。

所以，"一般的方法"和"个人的方法"之间的关系可以表述为：首先，一般的方法可以"促进指导个人的方法"，个人的方法并不从属于一般的方法。

其次，一般的方法是否对个人有建设性价值，"一切取决于他自己的反应方法"[1]，"取决于他在作出自己的反应时，在多大程度上能利用他人的经验所得来的知识"[2]。"无论什么事，一个人必须自己作出反应。别人在类似的事例中所采用的标准化的或一般的方法，特别是已经成为专家的那些人所用的方法，这些方法的提出有价值还是有害，要看它们使人作出个人的反应时是更加明智，还是诱使他不去使用他自己的判断。""如果我们把一个所谓的统一的一般的方法强加给每一个人，那么除了最杰出的人以外，所有的人都要成为碌碌庸才"[3]。

杜威所举的医生看病的例子，非常类似与教师育人的情形，也许后者比看病的复杂性更为突出。这也提示着班主任在学习班级管理方法时，要辨识出"一般的方法"和"个人的方法"的区别和各自的必要性，并在此基础上不断修炼和创生每一个具体的班主任的"个人的方法"。只有在这个意义上，"班级管理方法系统"才真正形成和具有意义。

（3）"个人的方法"的特征[4]

杜威认为"各种方法永远是一个人个人的事情，个人处理问题和解决问题的方法形式多样，种类繁多，没有一个目录可以把他们罗列完整"，"但是，可以提出几种态度，它们在有效地、理智地、处理材料的各种方法中处于中心地位。其中最重要的态度是：

---

① 笔者注：即"个人的方法"。
② 笔者注：即"一般的方法"
③ 约翰·杜威：《民主主义与教育》，第 188—189 页。
④ 同上，第 189—196 页。

直接性、虚心、专心和责任心"。

a."直接性"。所谓"直接性",指的是"一个人对他应该做的事情所持的一往无前的态度……它表明一个人奋起而应付情境的需要"。它意味着"一个人对他做的事持有一种态度,并不一定要他意识到这种态度"。"前一种态度是自发的、朴素的、简单的。这是一个人和他所处理的事情之间全神贯注的关系的标志。"后一种态度有时候会让人过分地关注自身,从而把自己从一个整体的情境中孤立了出来,就会"丧失能力和思想混乱"。

"直接性"这一方法的原理提示着班主任在运用各种方法或方法系统进行班级管理的时候,不要刻意地追求"方法"的显形化和"教育意图"的显露化,从而暴露出"方法的痕迹"或"管理的痕迹",使得学生和教师从朴实、自然、沉浸的教育生活中"分心"而出。因为在杜威看来,"一旦学校里的情况使学生们感到他们是在学习,那么他们就不真正地研究和学习了"。

b."虚心"。所谓"虚心",就是"保持孩子般天真的态度","对于有助于了解需要解决的情境和决定行动结果的任何考虑都能够接受"。"虚心"和"心中空虚"不同,"虚心"意味着"采取一种被动的态度,愿意让经验积累、深入和成熟"。在杜威看来,"这就是发展的本质",因为"结果(表面的答案或解决办法)也许可以加速,但过程也许不能强制。过程的成熟需要时间"。教师之所以喜欢采用"刻板和机械的方法""强迫的方法和高压的方法",主要原因在于教师"急于要求学生给他'答案'"和"确切计量的和正确的结果"。"过高的期望程序的一致和过度要求迅速取得表面的结果,是学校中虚心态度所要对付的主要敌人"。

"虚心"这一方法的原理提示着班主任,"班级管理方法(系统)"并不等于急于有所行动或急于通过各种手段让学生们迅速达到教师期望的结果,而是要在班级管理中对各种"经验"的开放性,学会等待,以一种"必要的被动的态度"让个体的经验积累、深入和成熟,从而给以学生发展的"过程"以充分的时间和空间。如若如此,这种"等待"和"必要的被动的态度"本身就构成了真正有效的方法。

c."专心"。所谓"专心",就是"心智完整",保持"理智的完整性、诚实和真挚",保持"目的的一致","不存在许多被压制而实际起作用的外部目的"。如果个体一方面"完全屈服别人"按照别人的要求行动,而同时"他的心思离开名义上的课题,专心于内心比较喜欢的东西",其"结果可能是有意的反抗,或者有意的设法欺骗别人",或者自己"兴趣混乱和分散",自己的"真实的意图"也"受愚弄"。在这种"心理分裂的情况"下,不但"直接可用的思维能力的损失是明显的",而且"智力活动效率"也被"更加微妙、更加持久"地"削弱",从而"养成自欺的习惯和对现实的模糊认识"。

杜威关于"专心"这一方法原理的阐释理解起来似乎有些困难,但却具有实践的针对性。用一句流行的话来表达它对班主任在班级管理过程中学习各种班级管理方法或方法系统的提示,即"倾听你内心的声音","去投入你真正想投入的事情"。唯有如此,才能打开智慧的潜能大门,让真正的"方法智慧"创生流淌而出。

d."责任心"。所谓"责任心",指的是"实现考虑任何计划中的步骤的可能后果,并且有意承受这些后果的倾向"。杜威所说的"责任心"是"理智的态度的一个要素",不同于我们日常生活中"责任心"的那种道德含义,它针对的是人过多地学习一些和自己的行为后果无法建立起联系"事实和真理"的"知识",从而不能使人"理解真正认识一件事和真正相信一件事情的含义"的现象。在他看来,"责任心"就意味"理智上的彻底性",就是彻底"识破一件事"。而要做到这一点,就要"依靠细节所从属的目的的统一性,而不是依靠提出众多不相联系的细节"。

"责任心"这一方法的原理可能对于一线的班主任教师不太好理解,但是它对于班主任的工作和发展却意义非常。在实践中,班主任可能今天学这个方法,明天学那个方法,但可能从来都没有真正地"认识"和"相信"到这个或那个"方法"的真正含义,没有识破"方法"的本质,从而无法获得一种"通透"的体验,而终日迷失于各种"方法"的理论诉说之中。那么怎么办? 简单地讲,应该让各种理论、方法、技巧、策略等从属和服务于真实的问题情境,服务于班级中人之发展的需要,而不是倒过来使问题情境、班级中人的发展成为了"方法"的附属。

三、班级管理领域的专业提升:"班级管理方法系统"

上述多方面的探索表明:如果要提升班级管理领域的专业性,很有必要学会用"系统方法"进行班级管理。那么,从班级管理领域自身的知识系统来讲,就必须建构"班级管理方法系统"。从诸多"智慧型班主任"的经验中,我们可以看到:"班级管理方法系统"实际上是管理精神、系统精神、方法精神和教育精神的"合金";唯有如此,才能为"班级管理"领域源源不断地吸收智慧和力量,开发其教育立场下的内在价值。

(一)"班级管理方法系统"的涵义

本书所论及的"班级管理方法系统"的指导思想是"当下管理与终身管理的融合"、"事务性管理与教育价值开发管理的融合"、"学生管理与教师自我管理的融合"、"理性管理与感性管理的融合"。本书所论述的"班级方法系统"已在前期研究中得到很好的探索[①];现在,我们可以在此基础之上继续创造、生成和发挥。

在前期研究中,在参与"新基础教育"研究并展开新的探索的过程中,研究者从提升班级管理专业品质的角度作了深入、扎实、全面的思考。在充分吸收"新基础教育"班级建设理论与实践营养和广泛占有国内外班级管理研究资料的基础上,从教育学的立场出发,对班级管理的教育目标、教育思路、方法系统、发展阶段等具有内在联系的方面进行探索和研究,努力尝试建构一个严密而清晰的班级管理理论与实践系统。

从前期研究的理论与实践探索来看,缺乏系统战略思维的班主任很容易陷入各种琐碎的事务之中,因此必须着眼于学生一年乃至一个学段的长期发展,形成具有战略意义的班级管理思路,这包括"将高境界落实为每学期的发展主题",并"形成一个班级的长期教育主线"。不但如此,为了在宏观思路与微观事务之间找到合适的转化点,好的战略思路还需要简洁而高效的方法系统来支持。

这个班级管理的立体方法系统由思想性方法层(或基本策略)、谋划性方法层(或主要措施)和技术性方法层(或常用技法)三层次组成。它表达的是班级建设过程中的"方法的系统化",用以帮助班主任教师运用和创造"合宜"的方法体系重新开展班级建设的教育过程。

"班级管理方法系统"之"基本策略",是对学生个体和班级整体发展起着定向、原则作用的班级教育方法,包括以"成事育人"为核心取向、以"培育自觉"为教育基础、以"交往共生"为教育方式三个系列策略。

"班级管理方法系统"之主要措施,则包括建设民主合用的管理体制、创设主动参

---

① 参阅李伟胜:《班级管理》,上海:华东师范大学出版社,2010年,第6—14页。

与的活动机制、营造开放舒心的班级文化三个方面。

"班级管理方法系统"之常用技法,是处理各种班级管理具体事务时所采用的方法,如班级计划的设计、开展班级工作的流程、一次班会的具体策划和实施、图书角的管理、班级值日制度,或许多成功的技巧(如不同的"班主任兵法")。

多年的实践研究表明:在上述方法系统中,居于中间层次的"措施"最为重要,它能够把更上位的教育思想和策略落实到实处,也能同时融合居于下位的各种激发;而在多项的措施中,最能激活学生生活、提升其发展质量的当属"创设主动参与的活动机制",它具体体现在系列"大项目"(指围绕每学期的发展主题开展的大型主题活动,每个大型主题活动即"大项目"可以持续两周至两个月,并在最后的主题班会中达到高潮)和系列"小活动"(指每个"大项目"中开展的系列小型主题活动)的主题活动之中。[①]

(二)"班级管理方法系统"的基本结构

何谓"系统"? 一则至少需要具备 2 个及 2 个以上的层次,二则至少具备一定的结构。[②] 班级管理方法系统可以分为"思想性方法层"、"谋划性方法层"以及"技术性方法层"三个层面。

班级管理方法系统的"思想性方法层",对应的是班级管理方法系统之"基本策略",其核心特点是班级管理"价值和机制"的系统自觉,突出的是班级管理终极价值和根本价值的寻找、定位。

班级管理方法系统的"谋划性方法层",对应的是班级管理方法系统之"主要措施",其核心特点是"整体工作思路"的系统自觉,突出的是班级管理整体工作思路的把握、谋划和协同。

班级管理方法系统的"技术性方法层",对应的是班级管理方法系统之常用技法,其核心特点是"具体技术"的系统自觉,突出的是"整体工作思路"之下的"上手"操作、落实、体验。

[①] 这里的"大项目"与"小活动",原来被表述为"大班会"与"小班会"。最近两年中,该研究者已将其调整为现在的表述。

[②] 参阅苗东升:《系统科学大学讲稿》,北京:中国人民大学出版社,2010 年,第 31—39 页。

从思维的抽象层次讲,"思想性方法层">"谋划性方法层">"技术性方法层"。(在这里,">意味着依次"高于")班级管理方法系统的"技术性方法层"、"谋划性方法层"、"思想性方法层"三个层次针对的层面、问题不同,因此其抽象性依次上升。这实际上是表明班级管理方法系统既不是纯粹的班级管理技法、技术的杂糅体,也不是纯粹的班级管理思想、理论的体现,而是一个有着不同思维抽象层次的有机整体。

从内在的一致性来讲,"思想性方法层"="谋划性方法层"="技术性方法层"。(在这里,"="意味着彼此"贯通")方法或方法系统,在逻辑上可以从具体的人、具体的班级情境中抽象出来,分出高低层次;但是对于每一秒、每一次、每一个真实的教育现场而言,它们都是浑然一体,不可分割的。例如,为一个新的班级开一次班会,或做一个学期的规划等活动,表面上是"技术性方法层"的事情,但是当师生们用心投入其中的时候,这件班级管理的"小事"却无时无刻不包含着对育人价值的追寻和参照,也无时无刻不包含着对具体的班级的整体工作思路的追寻和参照。就像杜威所讲的,活生生的"经验"永远是流动和连续的,永远是身心一体、思想和实践一体、个人和社会一体。因此,所谓的班级管理方法系统的层次区分,也只是人们静下心来,退后一步,反观自己班级管理的方法实践,在理智中对它们进行的"相片式"(更高级的是"数码式")的思考、分类而已。

只有把握了上述"班级管理方法系统"内部层次之间关系的两个方面,才能灵活、确实地理解本书论述"班级管理方法系统"的真实用意。为了更好地说明"班级管理方法系统",本书第二章和第三章分别将以个案式和系统式的方式展开论述。

第二章
运用系统方法促进班级发展的典型案例

通过上一章的讨论，我们可以对班级管理方法系统形成一个初步的整体印象。现在，我们可以通过一个运用系统方法促进班级发展的典型案例，对其展开更为详尽的说明。

我们选取了上海市曹杨第二中学附属学校缪红老师在其班级中曾经开展的一项以《努力·成功·快乐》为题的班级主题活动作为典型案例①。为了更好地说明班级管理系统方法的具体运用过程与效果，我们将从该主题活动项目实施前的班级实际状况，实施中的基本过程，以及实施后的师生成长体验等三个方面来展开论述。

在详细介绍这一典型案例之后，我们再试图用精炼的语言从"谋划性方法层——主要措施"、"思想性方法层——基本策略"、"技术性方法层——操作技法"三个方面扼要说明围绕主题活动所采用的班级管理系统方法，从而更具体地阐明这一班级管理方法系统中的不同层次的方法及其相互关系。

---

① 《努力·成功·快乐》的完整案例，可参阅陆桂英主编：《建设民主集体，共创阳光人生——上海市曹杨第二中学附属学校班级建设实践研究》（以下简称《建设民主集体，共创阳光人生》），上海：华东师范大学出版社，2007 年，第 47—49 页。该书是上海市曹杨第二中学附属学校与华东师范大学教育管理学系李伟胜博士等共同合作研究的课题成果。

一、班级发展中的一项标志性主题活动——《努力·成功·快乐》

（一）实施《努力·成功·快乐》主题活动前的班级状况

为了方便行文，我们在本书中将该班级简称为 A 班。

缪红老师自 2004 年 9 月至 2007 年 6 月的三年间一直在 A 班担任班主任。缪红老师在该班的班主任工作历程与 A 班的班级发展大致分为两个阶段："班级管理的孤立摸索与非系统方法"阶段（七年级上学期）和"班级管理的合作探究与系统方法"阶段（七年级下学期、八年级与九年级）。在第一阶段，缪红老师与许多班主任一样，主要是凭着班主任个人的辛苦、爱心、力量、智慧管理班级。不过，在第二阶段，缪红老师加入到了建设"民主型班级"的课题研究之中，从此开始以更为清晰的专业自觉来探索运用班级管理系统方法的实践改革。

本章所要论述的《努力·成功·快乐》正是 A 班在已经开展了半年（七年级下学期）的课题研究之后，针对新的班级发展问题和目标，在八年级上学期精心策划的一次极为成功和具有标志性的班级主题活动。因此，为了更清晰完整地说明《努力·成功·快乐》班级主题活动的前因后果和班级管理系统方法运用的真实过程，我们先从 A 班七年级上学期和七年级下学期两个阶段来介绍一下实施该主题活动项目前的班级状况①。

1. A 班七年级上学期的班级状况

（1）建班的初始状态：以"自卑、失败"自居的七（1）班

2004 年 9 月，缪老师开始担任 A 班（当时为七（1）班）的班主任，当时的七（1）班是由成绩排名靠后的学生所组建的班级。同学们很清楚自己在学校所处的位置，大多数同学觉得自己进了这个班级是一件很没面子的事情，自卑心理比较严重。由于学习基础较差，许多同学体验不到成功的愉悦，开始对自身的学习能力产生怀疑，总认为自己是个失败者。这种心理表现在行为上就是作业不做，不遵守课堂纪律，对班级事务不管不问。有一些同学表面上对什么都不在乎，但是自尊心特别强，他们往往用消极对

---

① 本部分案例详细内容请参阅《建设民主集体，共创阳光人生》第五章。

抗的方式表现自我、发泄内心的不满。长期受挫的心理和萎靡不振的情绪使他们丧失学习的热情和动力,整个班级的精神状态比较散漫,缺少团结向上的集体凝聚力。

（2）第一个学期的努力:开始意识到"做最好的自己"

面对这种情况,缪老师认为首要的事情就是树立同学们的自信。最初,缪老师将带班的重点定为:面对新的流动和分班,能正确认识自己,树立信心,培养良好的学习及行为规范,提出做"最好的自己"。根据以前的工作经验,缪老师认为班级只有处于比较规范的状态,其他方面才能得到保证和发展。带着这样的想法,缪老师根据班级状况提出"热情、健康、自信、好学"八字口号,并将所有的教育活动都围绕着这八个字开展,使得班级工作有了重心和方向。

在八字口号的引领下,班级面貌在较短的时间内有了改观,班级的各项事物也得以理顺。七年级第一学期结束时,班级先后获得了"行为规范优秀班"、"行为规范班"、"广播操比赛第二名"等荣誉称号。这些荣誉的取得如同"雪中送炭",给同学们带来了极大的鼓舞。同学们意识到,虽然自己的学科成绩暂时落后,但自己在其他方面可以做到最好。逐渐地,全班同学由一盘散沙、无助迷茫走向一个初具凝聚力的整体。这让缪老师倍感欣慰,因为一个学期的真心努力和付出得到了回报。

（3）班级发展中的新困惑:为什么效果不明显

在刚开始的一个学期里,尽管缪老师在班级建设上做了很多工作,班级状况确实有了一些改观,但是班级发展的成效并不明显。在看到班级发展希望的同时,缪老师也被一些反复出现的问题困扰着:为什么班级的各种问题还是一直不断的出现? 为什么刚刚处理好的问题出现反复? 为什么……?

缪老师开始主动寻找问题、思索前进的方向。经过仔细分析,缪老师看到:这个班级虽然在行为规范上取得了一些进步,但是整个班级的工作思路还处于"强加"状态,班级呈现的状态也只是表面的安静;在许多事务的处理上还是班主任自己亲力亲为,班级管理也只是停留在班主任的要求上,同学们的自我管理能力并没有形成。她隐约地感到,如果这些问题得不到解决,将会为班级以后的发展带来阻碍和困难。虽然班级有了自己的目标、口号,具体怎么去做,缪老师还很迷茫。实际上,缪老师试图走出的这种迷茫,也反映着同学们的状态,即在有所进步的同时,对发展方向仍感到迷茫。

2005 年 2 月,缪老师和华东师范大学课题组专家一起对该班级做了一次调查研究。结果表明,该班当时的状态主要是:学习的自主意识初步具备,但尚存在诸多模糊之处;在各项活动中初具独立自主性,但在参与程度上尚待提高;学生在学习兴趣、学习收获、学习方法等方面有了初步的进展,尚待进一步整理和提升;学生初步形成主动参与班集体活动的自主能力和主体意识,但还需要进一步开拓参与渠道,提高班级管理与活动的水平;学生的课余生活内容较为丰富,但还缺乏主动的思考和整理。[①] 看来,A班要走出其目前的发展困境,需要对班级的发展进行系统的反思、研究和重建。

2. A班七年级下学期的班级状况

(1)转换班级工作思路,尝试运用系统方法进行班级民主管理

进入到七年级下学期后,在课题组的帮助下缪老师超越以往“班级管理的孤立摸索与非系统方法”阶段,逐渐转换班级工作思路与工作方式进入到“班级管理的合作探究与系统方法”的阶段。此时的缪老师关注到课题组指导专家所撰写的《创建民主集体,提升生命质量》中的一段话:“关注具体的学生个体,使每一位学生都得以充分敞开自己的精神世界,形成主动发展的动力和能力;在师生、生生之间的充分交往中,创造一个相互欣赏、共同开拓的精神世界、提高生命质量的民主集体”。她决定以此作为参照,超越外在事务式的管理,开始关注学生精神生活质量,尝试运用系统方法进行班级民主管理,以追求班级管理中更高境界。这一时期班级管理的总体特征是“民主管理,开展活动,关注精神生活”。具体的班级管理思路和措施如下:

a. 关注学生真实体验,确立班级发展目标

开学初,她曾在黑板报上辟了一个专栏,给同学们送上了这样一段话:这个世界上注定要有人比你更强,更高,更好。这是不争的事实,但我们不能因此就放弃奔跑。跑,是一种人生姿态,是对生命本质的理解和尊重,是对生活最为真挚和深沉的爱。即使竭尽全力,也跑不过别人,但一定要跑过昨天的自己。

虽然学生一时不能完全理解这句话真正的含义,但他们牢牢记住了其中一句话:要跑过昨天的自己。这一段话从日后同学们周记中及交谈中可以看出当时给了同学们极大的鼓励,也让很多同学们找回了丢失的自信心。

要想重新鼓舞起同学们的斗志,仅靠一些寄语是远远不够的,加入课题组后让缪

[①] 本部分内容请参阅《建设民主集体,共创阳光人生》第四章第二节。

老师感触很深的是本课题提出的要求:班主任要关注学生的真实体验、真实生活。在进行了班级情况分析后,她提出了本学期班级管理的目标:学生通过积极参与班级管理,交流与合作,进一步培养热情、健康自信的良好的个性,学会关心班级、同伴和家人,拓宽视野,超越自我,最终达到自我的全面发展。根据这一目标,她组织同学们制定了详尽的班级计划。他们相信,有了符合班级实际情况班级计划和奋斗目标做保证,就能让班级获得更好的发展。

b. 改变班级管理思路,从被动遵循转向主动结合、创生

在此过程中,缪老师开始摈弃先前的常规班级管理思路,即:被动遵循学校和学生处的工作计划,按部就班地开展班级教育活动。她转而将七(1)班的实际情况与学校学生处的工作计划结合起来,由被动接受转向主动创办班级特色。例如,在班级环境布置方面,该班在这一学期形成了多个板块:体现班级奋斗目标的教师寄语、体现学生个性的学习园地、体现学习成长进步的雏鹰争章活动等。缪老师深信:一位有智慧的班主任既要是学生的导师,又是学生的朋友;既能高屋建瓴地引领学生整体发展,又能细致入微地了解每个学生的需要,激发其主动发展的动力。

c. 民主设立岗位,让学生参与的日常管理

在明确了班级管理的目标与思路之后,针对班级管理混乱,班干部责任不明,少数"精英"执政的现象,缪老师首先进行了班级管理体制的改革,主要包括:

第一,在常规班委之外,按学号顺序推行值日班长工作制,按座位号轮流担任小队长。

第二,根据学生的特长设立类型丰富的岗位,因事设岗、因人设岗。

第三,发动同学共同参与制定班级发展计划(突出班级特色),参与到岗位的产生、职责的确定、命名和"评星"活动等过程。

d. 开展各种班级活动,促进学生主动交往

在推进民主的班级管理体制建设的过程中,按照班级管理系统方法的思路,缪老师开展各种班级活动,创造丰富的机会以促进学生主动的交往,主要包括:

第一,从"十分钟队会"(日常化的活动)开始,尝试让同学们自己主持策划和实施。

第二,结合尝试推行"值日班长工作制"产生的困惑,利用星期五的小结时间,让他们接受同学们的民主评议并进行自评。

第三,先后开展3次主题班会:3月18日的《共同参与班级管理》,4月8日的《怎样看待网络游戏?》,5月31日的《网络,让我们健康成长》。

e. 优化交往、更新环境,创设富有活力的班级文化

在民主的班级管理体制初步建立、班级活动日益丰富的同时,班级管理开始关注班级文化的建设。缪老师在这个方面的措施主要包括:

第一,通过岗位评议,形成民主、和谐、相互理解的班级人际关系。

第二,关注"小事"(如留心调皮学生的具体表现并及时引导),互相欣赏、互相帮助。

第三,班级环境设置多个板块:体现班级奋斗目标的教师寄语、体现学生个性的学习园地、体现学习成长进步的雏鹰争章活动等。

(2)民主管理显现成效,学生精神生活质量亟待提升

进入到七年级下学期后,随着缪老师在班级日常管理、班级活动、班级文化等方面的系统的民主改革措施的落实与深入,班级发展逐渐显现出成效,但同时也存在发展中的问题,具体如下

a. 学生能民主参与班级日常管理,但还存在一些不足与问题

第一,内化规范,灵活运用班级事务。在进行民主的日常管理的过程中,A班在缪老师的指导下能结合实际,将一些具体事项作为线索、契机来挖掘教育价值。例如,让值日班长从班级整体状态的角度考虑自己承担的工作任务,评选"心目中的好干部"等等。但是,有一些同学表示想为班级做事,却没有机会;也有同学缺少为班级做事的自信,如他们认为"想为班级做事,但缺乏做事的能力"、"有能力做,但没有信心做好"。

第二,提升立意,让管理服务生命成长。A班实行民主班级管理改革后,班干部工作方式趋向成熟。根据调查,65%的班干部开展工作是与师生协商、讨论为主,这一现象反映了班干部的工作方式趋于民主。然而,还是有20%的班干部开展工作以老师的安排为主,缺乏独立工作的能力;还有15%的班干部在工作时不能很好地与同学沟通或征求同学的意见,出现命令和强迫同学的现象。

以上的现象也意味着A班在七年级时整体设计工作岗位,班级生活从混沌走向理性的民主状态。当进入到八年级时,就要着力开发岗的"育人"价值,而不仅仅是"成事"的功能。

b. 自主活动的意识和能力明显增强,但组织活动的独立性和活动内容的创意还

需要加强

经过班级民主管理改革，A班学生自主活动的意识和能力明显增强，这表现在：系列化的十分钟队会和主题班会，已成本班特色；大部分人不仅参与活动，还积极为活动出谋划策、选择主题、搜集材料、主动策划、自主组织、主持活动等；对活动的开展充满热情，充分地展示自我、发展自我，并且认识到参与班级活动和班级事务是提升自己的契机，可以"发挥自己的特长"、"多交一些朋友"等。但是学生组织活动的独立性和活动内容的创意还需要加强，要让学生减少对班主任的依赖，激发学生自己动脑筋从而把活动开展得更具创意和特色。

c.（班级文化）集体归属感逐渐形成，同学互相欣赏，师生相互支持，但还需结合具体活动深化体验

通过一个学期的班级民主管理改革实践，班级管理体制逐步建立，班级活动日益丰富，积极、温暖的班级文化氛围也日渐浓厚，班级的集体归属感逐渐形成，同学们互相欣赏，师生之间相互支持。

不过，发展的角度看，班级的人际关系虽然比之前更为和谐，但还有些具体领域要进一步改进。班级的教室环境虽比之前更有活力，班级环境布置也每两个星期更换一次，其中比较有特色的栏目是教师寄语、学习园地、争章活动、班级形象栏、值日班长日记和黑板报等，但也需要充实内容、丰富形式。比如，有的同学提出板报太空了，要添加图画；有的提出建设图书角等等。

(二) 策划和实施《努力·成功·快乐》的基本过程

1. 活动前的准备

为什么A班在进入八年级后能成功地策划和实施《努力·成功·快乐》主题活动项目？这是因为在运用系统方法进行班级民主管理改革的过程中，缪老师和班级逐渐具备了一种价值意识和契机意识。

（1）价值准备

通过七年级一年的努力尤其是下学期的班级民主改革，A班在班级管理体制、班级活动和班级文化方面都进行了系统的初步探索与建构，取得了一定的效果。但进入八年级后，缪老师决定不再满足于完成具体的事务工作的境界，而是把班级工作目标

定位于"为每一位同学提供更深入的成长体验,以唤起其作为精神生命主体的尊严和活力,同时更为深入地参与民主集体的创建过程"。这样的班级发展新目标的定位实际上为接下来的班级管理奠定了价值基础,使得之后的主题活动策划和实施有了价值坐标。

（2）活动准备

在有意识地策划《努力·成功·快乐》主题活动项目之前,A班根据学校上级部门的布置,参加了几项大型的学校活动:

在2005年暑假开展了以"走进社区、走近文明、走进文化、走进科学"为主题的暑期实践活动。A班学生分成两组,一组走进了学校所在社区的"曹安市场",从市场先辈的艰苦创业中,初步了解了市场营销术;另一组同学则通过城隍庙的一日游,探访了我国宗教文化。在2005年9月开学之初,同学们在教室的"学习园地"中张贴暑期实践活动的照片。与此同时,在缪老师的指导下,两组同学在全班进行汇报交流,放映与分享暑期实践活动的录像,把暑期实践活动推向了高潮。

在2005年9月9日,A班到区劳技中心参加了学校组织的"一日实践"活动。在学烹饪的过程中,同学们展示出新的风采,照相机记录下同学们的合作、勤快能干的身影、品尝劳动成果时的快乐。

2005年9月下旬,A班又参加了学校组织的"义工活动"。学校以班级为单位,停课一天,分成若干小组,在学校各个角落进行义务劳动,师生们干得不亦乐乎,颇有感受。

在这些活动中,学生们走出课堂、开放自我、融入学校和社区,尝试不同的学习方式和交往方式,产生了丰富多样的生活与成长体验。随着这些反映真实生活和成长体验的班级活动不断开展,同学们的内心思想逐渐开放出来,精神面貌也逐步改观。这时,他们涌现的思想火花和对事物本质的不断探求,使得自己不再满足于只是反映真实生活的班级活动,更高的需求推动着班级活动走向深入。那么,班级还能为学生们"呼之欲出"的发展需要做些什么呢?缪老师和A班的同学们正是以这些活动的开展为契机,策划和实施了《努力·成功·快乐》主题活动项目。

2. 策划方案1

（1）"一日实践"活动蕴藏着什么样的教育机会?

2005年9月9日,该班同学去劳技中心参加了由学校组织的"一日实践"活动,给班主任和同学们再一次留下了深刻的印象。在学烹饪的过程中,同学们展示出在学校所看不到的另一番风采。缪老师的数码照相机记录下同学们之间的合作,同学们的勤快能干,品尝劳动成果时的快乐。当同学们争先恐后把包好的饺子往老师的嘴里塞,硬拉着老师品尝刚出炉的鱼,孙晖悄悄把自己不舍得吃的蛋糕放在了老师的面前,这时只有作为一名教师,特别是一名班主任,才能体会这一份幸福和温暖。当同学们依依不舍离开劳技中心时,缪老师想,为何不利用这样的教育机会,让学生在实践活动中体会成功的快乐,为今后的选择作准备?

因此,她和班干部商议后决定由班级同学以"一日实践"活动为主题策划一次班会,并结合两周后的义工活动开展以实践活动为主要内容的系列教育活动。本节主题班会主要是请三组同学把在劳技中心的实践活动进行回顾总结,其中穿插一些互动节目,在轻松活泼的氛围中,让学生能体会到热爱劳动是一种美德,为家中分担家务劳动是我们的职责。

方案 1

(2005 年 10 月 14 日)

实践活动——劳技中心

1. 谈谈劳动感受

　请 4—5 人谈一下 9 月 9 日在劳技中心一天的感受。

2. 回顾劳动过程

　欣赏画面,回味当时气氛,回顾有趣的烹饪故事。

　欣赏一些照片(同学们制作的一些食品)。

　玩一个小游戏(体会劳动过程)

3. 交流劳动体验

　谈谈烹饪的小经验(找会烧菜的同学发言)。

　听听一位家长对儿女的看法和学会烧菜的想法。

4. 总结劳动意义

　遇到挫折,也感受到成功的喜悦⋯⋯

（2）针对"方案1"的新思考

在学生策划出班会方案1后，缪老师把这份方案发给课题组讨论，大家认为：方案1在立意上，以"呈现"为主，缺乏更深入的"敞现"；在表达上，以"言说"为主，缺乏对成长的"体验"。那么，该如何理解和设计一节班会课的意义、主题、内容过程呢？

第一，在意义的理解和设计上，班会应该反映出班级包括教师和学生的发展状态，而不只是反映一件或一组"事情"。在方案1的设计中，只是呈现了在"一日实践"活动中做的"事情"，没有反映出教师和学生在参加这次活动之中和之后的发展状态。

第二，在主题的理解和设计上，班会要突出学生的"成长体验"，尤其是"自我教育"的体验。

要根据学生正在形成自我意识的特点，突出他们的"成长体验"，尤其是"自我教育"的成长体验。目前看来，在班主任的领导下，学生不是仅仅为了完成一件任务（实践活动）而去开展活动的，因为他们在活动中有"精神生命成长"的体验；相应地，班会主题应该突出"成长体验"。这也与八年级学生自我意识正在形成、急需丰富的体验来完善等成长需要密切结合。

第三，在内容的理解和设计上，班会要突出"学生选择"的自主意义，而不只是响应号召被动执行，同时也要突出"学生生活"。

在具体的实践项目的选择、活动过程的安排、活动资料的获取、活动结果的提炼等方面，要体现出"学生"的特点；也就是说，他们自己在每一方面是如何成长为"主人"的？——如果学生能把这一点体会得更透彻、表达得更充分，那么，突出"成长体验"，尤其是"自我教育"的成长体验，也就水到渠成了。

这就是说，即使面对已经过去了的生活内容，在如何提炼主题、如何选择表现内容、如何设计新的活动方面，仍然大有名堂可做。做得好，就是"画龙点睛"；没有做，或者做得不好，就有可能是"明珠暗投"了。

第四，在活动过程的理解和设计上，班会要突出提炼体验的"心路历程"，而不只是做平面的呈现。

可以把班会的全过程设计成"提炼体验"的过程。如同一节数学课、语文课、英语课应该有几个大的环节、每个环节之间应该有逐步深入或提升的内在联系，如同一个故事有布置场景、突出人物、展开情节、达到高潮等环节，一节班会若有了主线，也可以有这样生动的环节,从而使鲜明的主题、鲜活的内容集中体现为生动的过程。要在班会上表现出学生从困惑开始,逐步思索、选择、尝试、获得初步体验、感受成功快乐,然后进一步尝试等。

根据以上的研讨,课题组对缪老师和 A 班的这节班会课提出了一些具体思考和操作建议:如可以通过作文、周记写出在实践活动中最深刻的体会;通过小组的交流讨论,推选出可在班会上交流的内容;可以在班会上交流讨论"哪些体会最有利于我们成长"等。

3. 策划方案 2

(1) 怎么提炼更具有成长意义的班会主题

上次的研讨,为这次班会的准备拓宽了思路。班主任对这次班会的重新设计有了较明确的指导思想和思路,班会的题目最后改为《努力·成功·快乐》,其立意在于利用初中生正在成长的自我意识,激发他们学会通过自主努力赢得成功,享受自主成功的快乐。班会课将以"努力·成功·快乐"这 3 个关键词作为组织班会的主要线索,即整个班会由此构成"努力·成功·快乐"三层依次递进的教育过程。

确立了"努力·成功·快乐"的班会主题之后,缪老师和学生们围绕主题反思和整理经验。其一,拓展视野,整理学生和家长的发展故事。在缪老师的指导下,班会的学生策划小组发动班级学生搜集、整理此前"暑期实践"、"一日实践"、"义工活动"等几次实践活动中留存的资料,包括种种照片和同学们的记录。同时,学生主动发动家长谈出对这些活动的看法,并约请部分家长写了回信。其二,又进一步寻找身边成功的典型事例,通过采访了解部分同学的成长经历及家长的奋斗过程。同时,策划小组和班主任都积极组织学生进一步写稿、提出修改建议,以便作更充分的准备。

当在反思和整理经验的过程中,各种经验资源逐渐充实、丰富起来之后,如何在班会课中用清晰明了的线索呈现这些经验就变得特别重要。通过与课题组的交流研讨,缪老师和同学们决定以"呈现——拓展——升华"作为线索呈现整理、选择的经验,这一线索的具体内涵为:①呈现基本活动;②拓展生活场景(用以丰富成长体验);③升华至理性认识(也就是提炼成长体验)。

(2) 整理发展故事,形成方案 2

方案2：努力·成功·快乐

（2005 年 11 月 1—9 日）

1. 呈现实践活动的三个场景。（呈现）

（1）展示暑期实践活动、劳技中心学烹饪及学校一日义工活动的片花,通过声情并茂的旁白,激起大家的美好回忆。（旁白的内容选自同学们在周记中写的体会。）

（2）呈现选取学生的部分体会。全班一起讨论:哪些体会最深刻? 哪些是最有利于我们成长的? 为什么?

2. 转换场景,寻找成功的快乐。（拓展）

（1）通过寻找日常生活及学习生活的成功事例,体会成功背后所付出的努力。（请四至五位同学做好准备）。

（2）通过采访父辈的奋斗经历,进一步体会成功背后所付出的艰辛及守业的艰难,从而为今后的职业选择提供启示。

3. 上升至理性化的认识。（升华）

——我如何在自己的成长中掌握主动权?

对比方案 1 与方案 2,我们不难发现方案 2 的设计已经从方案 1 的"事件结构"（即平面地罗列活动中的事件、事情）转向"成长结构"（即提炼活动和事件中的内在价值与成长意义）。具体而言,方案 2 有这样几个明显的变化:

第一,有了更具有成长意义的班会主题,使得该班会课的设计有画龙点睛的感觉。方案 1 基本上是一个事件的平面陈述,缺乏内在的价值提炼与归纳,显得零散和游移。方案 2 则提炼了一个主题并明确为"努力·成功·快乐",与学生的活动体验和身心年龄特征非常匹配,使得班会课顿时有了文化和发展上的深度。

第二,呈现的经验更加丰富、多元,更加具有生成性、互动性与深度。经对多元主体更加深入的素养挖掘,方案 2 呈现的经验与体验在数量和质量上都有很大的提升。同时,学生与教师之间、学生与学生之间、学生与父母之间、学生自我之间的互动与对话在方案 2 的策划过程中体现得更加充分,从而激发和创生了许多生成性的教育资源和成长资源。

第三,班会课的课堂结构设计更加具有层次性和递进感。方案 2 的设计按照"呈现——拓展——升华"的线索层次,逐渐展开,使得整个班会的结构显得特别清晰简明,重点突出,既方便教师理解与驾驭,也利于学生的发展从感性走向理性、从知识走向生活、从他人分享走向自我规划。

第四,更加能结合七年级学生的心理特点和成长需要,提升其生命自觉。这节班会是在新学年的第一个学期进行,学生经历了第一个学年的新鲜期,对学习和自我的发展进入了一个兴奋退潮的阶段。同时,相比于七年级时期,八年级学生的理性思维更加彰显,他们需要在丰富的活动的经验与体验基础上,通过"交往共生",彼此激发,启发对自我发展主动权的理性思考,从而提升其生命发展的自觉意识和能力。方案 2 正是合乎了这一时期学生的年龄特点和潜在的成长需要,走在了学生的"最近发展区"之中,能很好地促进学生的生命自觉的发展。

4. 策划方案 3

(1) 针对方案 2 的再思考

方案 2 相对于方案 1 固然是发展、前进了不少,但它是不是最能反映师生发展状态,促进师生成长需要的班会方案呢? 在对方案 2 不断的思考、尝试、实践的过程中,A 班的师生们和课题组的专家们又提出了不少的改进建议。

如,为了更好地提炼学生的成长体验尤其是体现让学生自己掌握发展主动权的体验,教师继续发动学生主动搜集资料,并在积极排练的过程中设想班会效果。于是,在这个过程中师生又提出了不少针对方案 2 的改进建议。例如,大家觉得"王同学的文章虽经第二次的修改,但写的内容还是较散,缺乏深度和感染力,首先写的内容要感动自己",所以"请童同学协助他进行第三次的修改"。

再如,如何更好地提炼学生在各种实践活动中"自我教育"的体验? 这就需要在这节班会课上,让学生品味自己亲手创造的劳动成果和成长体验,而不是简单的自我提醒。要在班会课上自然地体现出活动的"外在成果"(包括成功的成果和不够理想的成果)和活动的"内在成长体验"(包括快乐的体验、成长的困惑、失败后的反思)之间的关联,让学生获得"我如何在自己的成长中掌握主动权?"的成长启发。总之,这节班会课需要敞现内容的核心是"我的成长体验"。

又如,如何让学生的"成长体验"升华至理性认识? 在这里,我们所理解的"理性认识"不一定必须是由文字表述的"理性认识",更不要僵化的"大话"、"套话",它可以表现在班会课的内容和形式上。从内容上,这种"升华"既可以表现为"畅想未来",也可以表现为"集中展示某一件已经发生的事",关键在于能让学生的"成长的体验"得以充分表达、突出学生那个"我"的主动作用。从形式上,这种"升华"既可以变现为情景剧,也可以是诗朗诵,还可以是相声等等。

此外,师生在继续整理资料、排练节目的过程中,在班会设计的细节方面又提出了许多改进的建议。如,建议在班会的第三板块("上升至理性化的认识")播放背景音乐《真心英雄》;同时也建议在这个部分先由同学们分小组讨论:在今后的成长历程中,如何面对各种困难,如何掌握自己发展的主动权? 再由各组推选代表在班会上发言。

方案2经过这些修改后,师生们发现此时不再担心班会内容贫乏,反而是担心班会因内容较多、难以较好的把握时间。在经过师生商议后,大家决定把方案2中第二个板块的内容("转换场景,寻找成功的快乐")作进一步的压缩,裁剪下来的内容可以通过班级的黑板报进行呈现或者将节选精彩的句子用PPT(演示文稿)展示。这样的处理会起到两个作用:一方面,本次班会的时间有了保证,主题更为集中,节奏更为简洁;另一方面,班级的整体环境的布置与班会活动的主题有了一致,班级文化建设的内容可以更加丰富、内涵也会得以深化。

(2)深化内涵,形成方案3

方案3:努力·成功·快乐

(2005 年 11 月 16 日)

1. 美好的回忆(作用:呈现)
回顾三次实践活动的过程,交流取得成功的快乐。

2. 第二部分:真诚的理解(作用:拓展)

（1）来自同学们的发展故事：办好黑板报，克服学习困难取得学业进步，家庭出现困难而坚持积极的生活态度……

（2）来自家长的奋斗故事：在上海奋斗16年开办印务公司、靠修车让孩子自豪、在日本打拼……

3. 更多的思考（作用：提升）

（1）结合自己的生活或学习，交流自己的感想

（2）歌曲：《真心英雄》——用平凡的心去做真心英雄

（3）班主任交流自己的体会

仔细比较方案3与方案2，我们会发现方案3又有了如下的变化和发展：

第一，结构更简洁明晰，重点更突出，内涵更深化。在结构上，方案3简化了第一板块"美好的回忆"的铺陈，以交流三次实践活动中"成功的快乐"为桥梁，简洁自然地过渡到下面的板块，由此显得更加简洁明晰；在重点上，第二板块"真诚的理解"和第三板块"更多的思考"分量加重；在内涵上，可以看出方案3的设计更加偏向于挖掘活动中师生的内在成长体验和对生命意义的领悟、分享。

第二，过程性、生成性的资源利用更充分。在方案2向方案3转化的过程中，由于师生之间、师生与专家之间、师生与活动经验的互动更有深度，因此发掘和生成了许多新的活动体验、成长经验、表达方式、思想灵感等，这些都是宝贵的过程性、生成性的资源。方案3超越了仅仅一节班会课的有限视野和高度，站在班级管理的全程视野和系统高度，利用班级文化的载体（如黑板报等）积极吸收、转化、利用这些过程性、生成性的资源，体现了班级管理的整体系统思维。

第三，"提升"的板块设计更加自然、多元、互动、深刻，更加能启发师生的"生命自觉"。对比方案2与方案3在"提升"板块的设计，我们不难发现：方案3在表达特点上设计得更加自然、更加贴近师生的真实生活状态；在表达的视角上，融合了学生、社会文化和教师更加多元的观点；在表达过程上，因为多元视角和观点的激发，互动性的空间和可能性明显增强；由此自然带来表达深度上对班会主题意义的发现、分享、生成会

更加深刻,更能促进师生对成长过程中的主动权的领悟,从而启发师生的"生命自觉"。

5. 举行"主题班会",在现场互动中充分激发

举行"努力·成功·快乐"主题班会,在现场互动中充分激发

(2005 年 11 月 17 日)

第一部分:美好的回忆(作用:呈现)

回顾三次活动的美好时光,交流自己最深的印象,感受成功快乐

第二部分:真诚的理解(作用:拓展)

交流同学、家长的发展故事

一位同学读家长写的故事,读到第二句就泣不成声,真情感染所有人

一位已到日本读书的同学通过网络发来照片、录音,谈妈妈和自己的奋斗

决心和感受,尤其是让日本老师评价他"You Xiu"……

第三部分:更多的思考(作用:提升)

交流体会,歌唱《真心英雄》,用平常之心,享受"努力·成功·快乐"

一位父亲写的奋斗故事

记得第一次从老家出来做生意。是在 1988 年的 8 月份。当时经济非常困难,为了路费都伤透了脑筋,有时候要在家乡打几天工,靠挣来的工资当路费。

最初,只是做些小生意,没有周转资金,所以就这样过去了几年,并没有更多的资金积累。1995 年上半年,我们认识了一个私企老板……经过争取,他厂里的印刷品由我们来承包。……我们白天去其他厂家推销产品,晚上回来加工,常常忙到下半夜。……在比较艰难和辛苦的情况下,生意有了起色。

2000 年 7 月份,我们注册了一家印务公司,事业虽然不大,可跨出了坚实的一步……

2005 年我们又借了 500 多平方米的厂房,增加了三台机器,将办公室和车间合二为一,工人也增加到 20 个。这样事情做起来就方便多了,有时客户上午订

货,第二天就要交,甚至当天夜里也要送。

对我们来说,风雨无阻、加班加点也是常事,可辛苦与效益是成正比的,利润也成倍的增长,还给客户带来了方便。客户对我们的评价是:交货及时,送货到家,价格公道,服务周到。

我们就这样走过了整整18年,有时想起来,也感觉辛酸,但值得欣慰的是我们遵循"诚信,勤劳,节约"的宗旨,经过艰苦创业获得了成功,从白手起家,一步一个脚印,有了现在的规模。

根据我自己的经历,我想对各位同学说:只要能吃苦耐劳,讲信誉,遵纪守法,还有敢于拼搏的精神,每个人都能建立起一份属于自己的事业,为祖国的繁荣富强作贡献。

有了之前A班师生们在方案1、方案2、方案3筹划中的全心投入和专家指导之下的系统设计,《努力·成功·快乐》主题活动现场的顺利实施和精彩生长就是水到渠成的事情。班会主题活动的现场既有情感的流通和融合,又有理智的碰撞和升华;既有学校生活的真实经验,又有社会生活的深度体验;既有学生的成长故事,又有社会人士的奋斗感悟;既有直接的言语陈述,又有简洁的情境烘托;既有"成事"的成功、快乐,又有"育人"的激发和自觉,整个现场充盈着"努力·成功·快乐"的"成长"正能量,让参与活动的所有人记忆深刻,终身受益。

(三)师生在《努力·成功·快乐》主题活动中的成长体验

1. 学生的成长体验

班会开得很成功,同学们在班会中收获颇多。面对自己真心的付出,面对班会的成功,同学们品尝到自己亲手创造的幸福。

……偶尔想想成功真好,一次的成功会让人信心加倍。当讲到自己从小走过的路。让我觉得历经沧桑也是一种成功;沧桑之中留下皱纹,那么人生更加有趣。

……有时我并不认为成功了一定会快乐,至少班会那天我知道只有努力才会成功,成功以后才会快乐。

主题班会结束了,现在的我都还保留着那天的回忆,那是一个多么美好又难忘的回忆啊!我们在那一天一起欢笑,一起唱歌,那天的感觉你们是否还依然留着呢?无论是班会,学习园地或者是黑板报,这些完全都是因为主题班会而改变,我们为主题班会付出的,它是靠掌声来回报我们的!

……这次的班会虽然没有像春节联欢晚会那样精彩,但是我们付出了,也得到了较理想的回报,不枉我们辛辛苦苦的准备啊!希望我们下次的班会能更加精彩!

在我的工作做完后,我决定让黑板报和主题班会有联系。经过老师同意后,我在短短的两天内就办了出来。这可以说是很用功的,同学们都很主动地要求来帮助我。我们这次的黑板报可以出得那么快、那么好,是同学们一起努力的结果,单凭我一个人的力量是根本无法办到的。

……这时的我却对老师的评价毫不在乎,因为我知道:同学们的笑声就是对我们的付出的回报。为了这个,我想我们值……但这次主题班会无论怎么说都是完美的,那是无庸置疑的,它告诉我们以后的路还很长,一定要好好把握,我们会开出更好的班会,到那时我们会把这次班会当作一个回忆来好好品味,你会觉得越来越有味。

"……转眼又要和大家说再见了……",班会结束了,班会完美的落下帷幕。心中从未有过的快感油然而生,再也不用忙碌了。可随之而来的是落寞,结束了,想起我们共创的班会,我释然。

班会像一本故事书。它虽比不上格林童话、安徒生童话那样经典,但它却包容了我们的快乐,悲伤,忧愁与青春;更重要的是,这本故事书是属于我们班永远的回忆。快乐,是故事的第一章节,充满了美好的回忆。暑期的活动,有菜市场的,城隍庙的,还有一日义工的。在PPT的展示过程中,有的是快乐,有的是让我们深思做个好公民,有的更是让我们忍俊不禁(比如陈臣说"边做边减肥,一举两得",还有劳技中心的动手锻炼和男生搞笑的吃相)。

回忆是故事的第二章节,充满了温馨。我想我们几个同学回忆的成功应该都讲出了同学们的心声吧(如果做不到那我可太失败了)。

还有马辛晔的家庭故事令人深思,在这样的环境下依然能长成那么一棵挺拔的白杨,而我们如此幸福的家庭或许太过于"温室化"了,所以永远是长成美丽的小花,柔弱不堪,经历不了挫折。但我相信,听了马辛晔的感想,我们应该有所考虑。……

后来,利用"真心英雄"合上了故事书,或许有的同学碍于面子没有流泪(包括我,本来下来了,但又被我收回去了),但心头肯定酸楚。

或许,在未来的几年,这又将成为回忆,但它不会像流行歌曲那样快的沉寂,当我再次打开周记本,它同样能让我落泪。

2. 教师的成长体验

在这次班会中,同学们的能力也得到更大锻炼和提升。他们的出色表现给缪老师和课题组带来一个又一个惊喜,特别是他们的工作效率、工作思路、工作方式都比以往精进许多。缪老师备感欣慰地说:"我原本以为接受任务的同学会叫苦不迭。如此紧张的时间、看起来如此难的内容,他们竟有如此好的表现。这的确让我很感动,也激起我进一步把这次班会办好的决心。"班会成功结束时,缪老师回首一个多月的组织和策划,她不禁为同学们身上展现出的闪光点感到骄傲"当《真心英雄》的音乐响起时,我也热血沸腾,我佩服宋骏杰的表演天赋,赞赏赵兰兰高超的电脑技术及工作热情,为我们的班会增色不少,敬佩张雯祎、马辛晔认真的工作态度……"

在这一个多月的筹备过程中,缪老师和同学们一起走过了努力、成功、快乐的历程,他们的情感通过这次班会活动又得到了更高的升华。在以后的日子里,缪老师更关注学生的真实生活,注意提炼学生的成长体验,努力让班级形成引领学生精神生命发展的机制,也努力让学生个体和班级整体主动开拓发展空间、提升生命意义。

我们把策划和实施主题活动的过程看作是让学生获得更有教育意义的成长体验的过程,而不仅仅看作完成"一节班会课"或"在某一天完成的一项活动"的外在手段。与此相应,学生们共同完成"一节班会课"或"在某一天完成的一项活动"之后,学生的成长体验仍然在延续,如果善加利用,这就成为进一步提升学生生活品质的宝贵资源。

二、围绕主题活动采用的班级管理系统方法

A班的《努力·成功·快乐》主题活动为什么能获得如此的教育效果?它的成功只是一个偶然吗?它的背后依靠的是什么样的班级管理专业方法?它对千千万万个如缪老师般平凡的一线班主任教师的班级管理工作有怎样的启发?它对千千万万个

如 A 班普通的中小学班级的学生成长有什么启发？它对千千万万个关心教育、热爱教育、投身教育的教育工作者有什么启发？

在探寻回答上述问题时，我们找到一个关键因素，这就是缪老师和 A 班围绕《努力·成功·快乐》主题活动的策划和实施，采用了班级管理的系统方法。

简言之，班级管理的系统方法或班级管理的立体方法系统是将班级管理的各种方法分为基本策略、主要措施、常用技法三个层次。下面将结合 A 班的班级管理实践及《努力·成功·快乐》主题活动的开展过程，对班级管理的系统方法进行简要的阐述，更加具体、深入的展开论述留待本书第三章。

(一) 谋划性方法层：主要措施

班级管理日常工作头绪繁多、复杂多变、难以把握，不过从系统方法的角度看，班级管理在实践工作层面上可以"班级日常管理"、"开展班级活动"、"建设班级文化"三条工作措施。这样的划分，既在思维上清晰简明、节省精力，又能在班级管理实践操作上提纲挈领、覆盖全局。当然，这三条工作措施之间的区分是相对的，而不是绝对的。例如，"日常管理"与"班级活动"可以作为"班级文化"的组成部分（所以有人用"班级文化建设"涵盖了"班级管理"的所有内容）。本书之所以作"班级日常管理"、"开展班级活动"、"建设班级文化"这样的工作措施划分，更多的是立足于一线班主任实践工作需要的立场，方便他们理解和运用班级管理系统方法。

在三条措施中，班级活动是关键。这一点其实很好理解，好比学生要实现认知和学业的发展就必须"做作业"，那么学生要实现社会性与人格的综合发展就必须参与各类"活动"，而在班级中则主要参与的就是"班级活动"。对于制度教育背景下的学校教育而言，最富有活力，因而最能促进学生主动发展，就是"班级活动"这一措施。因此，有必要对"班级活动"予以特别关注，尤其是其中的"主题活动"。

为了方便读者更好地理解班级管理系统方法中的"工作措施"在班级管理中的具体应用，我们将 A 班三年中在"班级日常管理"、"开展班级活动"、"班级文化建设"三条措施上的主要内容进行评述。

1. 日常管理民主化

在《努力·成功·快乐》主题活动中，我们可以看到整个班级在策划、实施中的民主参与程度非常高,这既减轻了班主任日常班级管理的负担,也极大地调动了学生们参与班级管理的热情,锻炼了他们的实践能力,提升了他们的自我教育意识。不过,"冰冻三尺非一日之寒",《努力·成功·快乐》主题活动中学生参与的成功,都得益于A班一直以来坚持的"班级日常管理民主化"的主要措施。下面就结合A班三年中就这一主要措施的实施情况,展开讨论,以期对班主任们有所启发。

表 2-1　A班三年中班级管理主要措施之"班级日常管理"

学期	班级日常管理的主要内容
七年级第 1 学期	——未有意识地运用班级管理系统方法
七年级第 2 学期	——民主设立岗位,让学生参与的日常管理 在常规班委之外,按学号顺序推行值日班长工作制,按座位号轮流担任小队长; 根据学生的特长设立类型丰富的岗位,因事设岗、因人设岗; 发动同学们共同参与制定班级发展计划(突出班级特色),参与到岗位的产生、职责的确定、命名和"评星"活动等过程。
八年级第 1 学期	——进一步开发班级岗位的价值 班级同学要求值日班长从班级整体状态的角度考虑自己承担的工作任务; 缪老师借此机会组织同学们搞了一个评选"心目中的好干部"活动。
八年级第 2 学期	——将班级建设的重点转向班级内涵发展 开展小组合作学习,开发学生自身的教育资源; 引领学生主动承担提高学业成绩的责任,并在相互支持中共同完善学习成果。
九年级第 1 学期	——进一步推行小组合作学习(教师体会、学生体会) 缪老师协同各位任课教师为每一位同学确立明确的九年级奋斗目标; 通过开展班会和学习小组活动探讨学习方法,提高学习效率,让同学们学会合作; 以"小组合作学习"为主题的教师团队建设,让同学们已经开展的小组合作学习跃升到了新的台阶,学习质量明显提高。
九年级第 2 学期	——依靠现有的各方面资源,努力提高学生成绩的增长点 协同各任课教师为每一位同学提供实现目标的努力方向,通过开展学习小组合作活动,鼓励同学善于与同伴合作,学会有效的梳理初中阶段的知识点,不断提升学生的学习质量,同时把关爱特殊学生群体落到实处; 建立谈话制度;面对班中所发生的情况,坚持不隔夜,快速处理的方法; 鼓励同学们对班费的使用提出合理化的建议,使班费能更好地服务于同学的发展。

为了更清晰地理解班级管理系统方法之"工作措施"的内涵与价值,我们将 A 班七年级第 1 学期、七年级第 2 学期以及八年级第 1 学期班级管理工作思路与成效进行一下对比。

(1) A 班七年级第 1 学期的班级日常管理

当缪老师在七年级第 1 学期刚接手 A 班时,她基本上是根据自己以往的工作经验和当前最急迫的问题入手,开展班级管理工作。如,针对"班级精神状态比较散漫,缺少团结向上的集体凝聚力"这一现状,提出了"热情、健康、自信、好学"的班级口号;针对班级长期缺乏自信和成功体验的状况,缪老师就带领班级一起努力先后获得了"行为规范优秀班"、"行为规范班"、"广播操比赛第二名"等荣誉称号,鼓舞全班同学。这种班级管理的思路应该说还属于"治标"的阶段,班级管理工作内在的系统性不强,而主要依靠的是缪老师个人的热情、愿景、直觉、精力、奉献与"随机性"的智慧。因此,虽然 A 班在七年级第 1 学期班风班貌有了较大的改变,但学生和班级存在的问题极容易反复,班主任教师个人的工作负担过重。究其原因,还是在于班主任教师的班级管理工作实践缺乏系统的视野与方法,班级管理的思路没有深入到班级发展的内在机制中去,班级管理的工作缺乏有系统的措施,学生的自我管理能力没有作为核心的教育目标进入到班级管理的工作视野。

(2) A 班七年级第 2 学期班级日常管理

带着 A 班在七年级第 1 学期的发展困惑,缪老师有幸地得到了华东师范大学专家团队的指导和帮助,开始转换班级工作思路,尝试运用系统方法进行班级民主管理。在班级管理的工作层面,超越过去主要凭借直观感悟、问题驱动、零散处理的局面,主动地将班级管理的工作归纳、提炼为"班级日常管理"、"开展班级活动"、"建设班级文化"三条措施,于是班主任面对复杂多变的班级实践可以做到"心中有数",班级管理各项工作则可以做到"有条不紊"。

在班级的日常管理方面,缪老师的主要措施就是"民主设立岗位,让学生参与的日常管理",具体的内容如推行值日班长工作制,轮流担任小队长,根据学生特长设立各种岗位、确定各种岗位名称、职责与评价标准,全班参与制定具有 A 班特色的班级规划等。

以"值日班长工作制"为例。缪老师经过与同学们商议,为了让每个同学能参与班级的管理工作,培养同学们的劳动意识、责任心和自信心,决定开始实行值日班长工作制,由每位同学轮流负责班级一日的卫生工作,并通过值日班长日记反映一日班级上课的纪律情况。通过一个学期的运行,值日班长工作制基本上达到了预期效果。每个同学都非常认真地做值日班长日记,一幅幅精美的画面设计,一句句朴实真诚的话语让缪老师能最快地了解班级情况。后来,阅读值日班长日记竟成了缪老师倍感享受的一件事。从值日班长日记中,缪老师见证了同学们的成长,也发现了班级中存在的问题。例如,班长们普遍反映比较累。造成累的原因有两方面:一方面是由于责任心和荣誉感,事事亲力亲为,因此感觉比较累;另一方面则是同学之间缺少合作的精神,无形之中增加了值日班长工作的压力。当缪老师把这些苦恼倾诉给同学们听的时候,引起同学们的深深的反思,在日后的值日生工作中,同学们已把教室视为了自己的家,在"人人为我,我为人人"的思想驱动下,值日班长的工作走向了新的一个台阶。

在推行"值日班长工作制"的过程中,缪老师还敏锐地发现班干部的工作常常与值日班长的工作发生重叠,班干部们常常"英雄无用武之地"。在与华东师范大学专家团队交流研讨之后,缪老师决定加强班干部队伍的建设,发挥他们在班级中的引领示范作用。她组织同学们民主选举班干部,然后根据他们自身的特点安排合适的工作岗位,每周利用星期五的小结时间,让他们接受同学们的民主评议并进行自评。与此同时,缪老师时常鼓励他们大胆地开展工作,并给每一位班干部配发相应的工作记录本,要求他们及时记录工作开展情况和感想。每逢班委集会,这些"小干部"都会携带各自的工作记录本,交流工作经验,提出问题,商议解决问题的办法,陈述工作中的收获,记载最新的工作任务部署。这种做法使得班干部的工作能力和主动性得到普遍提高。

缪老师在班级日常管理这一工作措施方面的变革,从根本上保证了全班同学参与班级管理、锻炼自我的机会,极大地推动了他们参与自身班级管理的主动性和积极性,全面而直接地影响着班级的各个方面,民主、和谐、相互理解、相互信任的班级人际关系,积极向上的班级氛围正在形成之中。

(3)A班八年级第1学期的班级日常管理

班级管理的系统方法不仅仅适用于班级管理的某个学期或某个学年,它是理解和开展所有的班级管理实践工作的一把钥匙。同样,班级管理三条工作措施也适用于所有的班级管理实践工作。

以A班的班级日常管理工作措施为例。在七年级时,缪老师通过系统梳理班级事务、整体设计班级工作岗位、鼓励学生参与班级管理等具体措施,使班级生活从混沌状态走向理性的民主状态。进入八年级第1学期,缪老师不再满足于完成具体的事务工作,决定在此基础上提升了班级日常管理的立意,追求让事务管理服务于学生的成长尤其是服务于班级生活质量的提高,并将本学期的班级工作目标定位于“为每一位同学提供更深入的成长体验,以唤起其作为精神生命主体的尊严和活力,同时更为深入地参与民主集体的创建过程。”

同样在以“值日班长制”为例,到了新的阶段,同学们已经不再仅仅满足于值日班长的日常事务管理,他们要求值日班长从班级整体状态的角度考虑自己承担的工作任务。于是,缪老师借此机会组织同学们搞了一个评选“心目中的好干部”活动。通过这次活动,A班同学对班干部的理解和认识逐渐走向深入,超越了成绩中心、个人发展中心和单纯的常规任务完成,更重视班干部为他人服务、为班级服务和班级整体发展策划的作用。与以往相比,学生对班干部的职责有了更高的要求,班级职务对学生来说将成为更大的挑战。

此外,在这个学期的班级日常管理中,缪老师尤其强调在灵活运用班级规范的同时,缪老师特别强调班级规范的内化过程。她并没有就事论事地跟同学们谈规范,而是结合班级实际,将具体事项作为一条线索、一个契机来挖掘班级教育价值。如,在该学期11月底学校组织的冬锻长跑中,缪老师针对同学们参与热情不高、跑步时走样偷懒的情况,做到身体力行,以自己的示范告知学生自己参与跑步,不是想得到学校领导的表扬,而是觉得锻炼的机会难得。面对老师所传递的信息,同学们也同样意识到自己每天的运动量微乎其微,其中一部分同学很快付诸了行动。在接下来的一段时间里,缪老师除了进一步协助文体委员做好管理工作外,加大了点评的力度,期末时,“晨跑示范班”的取得,使同学们又一次品尝到了付出的快乐。

2. 班级活动主题化

“开展班级活动”也是班级管理系统方法主要措施中的基本内容,它包括开发真实的班级活动内容、形成主动的活动方式和培养全面的活动能力。只有在真实、扎实和切实的班级活动中,班级的凝聚力和学生的发展才有了自然而稳定的载体和基础。班主任们在开展班级活动中,通常面临的烦恼就是活动显得特别零散,缺乏统一线索和聚焦点,这就特别需要注意“班级活动主题化”。事实上,A班的《努力·成功·快乐》

主题活动也是班主任、学生和研究者们在摸索、尝试、交流的过程中,逐渐学会把众多教育资源、素材以"主题化"的方式融合、凝聚提升的成果。下面就结合 A 班三年中就这一主要措施的实施情况,展开讨论,以期对班主任们有所启发。

表 2 - 2　A 班三年中班级管理主要措施之"开展班级活动"

学期	开展班级活动的具体内容
七年级第 1 学期	——未有意识地运用班级管理系统方法
七年级第 2 学期	——积极开展班级活动,拓展班级发展空间,促进学生主动交往 从改革"十分钟队会"(日常化的活动)开始,尝试让同学自己主持策划和实施; 尝试推行"值日班长工作制",利用周五小结时间,让他们接受同学们的民主评议并进行自评; 先后开展 3 次主题班会:3 月 18 日的《共同参与班级管理》,4 月 8 日的《怎样看待网络游戏?》,5 月 31 日的《网络,让我们健康成长》。
八年级第 1 学期	——创设开放的活动机制,挖掘成长体验,加强跟进与反思。 将班级活动的重心转移到"着力反映学生真实生活,从中提炼成长主题"上,以此满足同学们的发展要求,引导他们主动思考自己的生活,从而作出理性的选择; 通过周记了解同学们最关心的话题,并将反映较多的几个问题提出讨论、确定为班会的主题; 2005 年 10—11 月《努力·成功·快乐》主题班会的策划与实施; 在班级整体发展的全局中,继续关注具体个体的发展。
八年级第 2 学期	——协调家庭教育与班级发展,促进与父母主动沟通,让学生主动优化自己的成长环境 《十四岁生日仪式》; 5 月《父母是你特别的朋友》主题班会; 6 月《主动沟通》主题班会。
九年级第 1 学期	——加强班主任教师、学科教师与学生之间的交往 通过班级网页和面对面的交流,老师和学生之间、同学们之间展开了诸多讨论,共同思考如何提高小组合作学习的实效; 学习小组大讨论(9—10 月)。
九年级第 2 学期	——针对毕业与中考,继续加强教师合作与师生合作,提高学习质量 定期召开座谈会,重点放在两个小组身上; 多次的小规模座谈会(实际上已从上学期开始尝试),及时了解学生的想法,疏导他们的心理,完善学习方法,取得了良好的效果。

（1）A班七年级第1学期班级活动的开展

由于缪老师在七年级第1学期刚刚接受A班，还没有有意识地运用班级管理系统方法进行班级建设，这一阶段的班级活动还缺乏系统的规划和设计，而基本上是以学校和年级的大型比赛活动为主，其目的主要还是帮助班级赢得自信，提升集体的凝聚感。在七年级第1学期结束时，A班先后获得了"行为规范优秀班"、"广播操比赛第二名"等荣誉称号。这些荣誉的取得如同"雪中送炭"，给同学们带来了极大的鼓舞。同学们意识到，虽然自己的学科成绩暂时落后，但自己在其他方面可以做到最好。逐渐地，全班同学由一盘散沙、无助迷茫走向一个初具凝聚力的整体。

但是由于班级活动缺乏系统性和日常性的设计与实践，学生和班级在发展过程中存在着问题容易反复的现象，师生都面临着发展中的迷茫。在这一学期结束的时候，缪老师和华东师范大学课题组合作进行了一次调查，该班当时的状态主要是：第一，学习的自主意识初步具备，但尚存在诸多模糊之处；第二，在各项活动中初具独立自主性，但在参与程度上尚待提高。第三，学生在学期兴趣、学习收获、学习方法等方面有了初步的进展，尚待进一步整理和提升。第四，学生初步形成主动参与班集体活动的自主能力和主体意识，但还需要进一步开拓参与渠道，提高班级管理与活动的水平。第五，学生的课余生活内容较为丰富，但还缺乏主动的思考和整理。这都表明仅仅依靠班主任教师的随机灵感、直觉或当下的问题驱动开展班级活动还远远不够，班级活动需要在班级管理系统方法的指导下有序地开展。

（2）A班七年级第2学期班级活动的开展

进入七年级第2学期后，缪老师在班级管理上得到了华东师范大学专家团队的指导，开始运用班级管理的系统方法进行班级管理，在"班级活动"这一主要措施上体现为"积极开展班级活动，拓展班级发展空间，促进学生主动交往"。这一工作措施的具体内容主要包括：从改革"十分钟队会"（日常化的活动）开始，尝试让同学们自己主持策划和实施；尝试推行"值日班长工作制"，利用周五小结时间，让他们接受同学们的民主评议并进行自评；先后开展了《共同参与班级管理》、《怎样看待网络游戏?》、《网络，让我们健康成长》等主题班会。

随着活动开展整体性的提高，缪老师对十分钟队会进行了改革，增强了活动安排的计划性，设计也更加精心新颖、切合学生实际生活。先后开展的4次"十分钟队会"

的内容分别是:交流学习方法,相互鼓励,共同树立学习信心;请来自台湾的同学介绍台湾的春节习俗;请酷爱读书的同学推荐好书;请一位同学介绍因为玩不文明的游戏而造成骨折的痛苦经历。这些队会,为学生提供了展示自己、沟通心灵的舞台,也提供了相互促进的机会。例如,针对陈同学做作业速度慢的情况,同学们展开了手拉手活动,建议他把每天做作业的时间详尽记录下来,在家长、老师及同学的帮助下,找出慢的原因及克服的方法。在共同协商、并征得他的同意后,同学们自愿对他进行跟踪调查,并通过十分钟队会的形式向陈同学及全班及时汇报进展。有的同学把陈同学近期做作业的时间进行了对照,明显的进步让他展露出欣慰的笑容。队会上富有创意的歌曲《蜗牛》及 Flash 图片的穿插,给了他极大的鼓舞。在学习上,如果谁遇到困难,同学之间都会毫不保留地互相帮助。这些点点滴滴的小事,折射出来的是同学之间的温情、关怀和相互支持。在这样的集体里,每个幼小心灵都会得到阳光雨露的滋养。

此外,A 班该学期的主题班会也组织得非常有特色。在活动中,班会主题的选定权属于学生,75%的同学认为该学期的几次活动在组织和内容设计上很合理,能满足同学自己的需要。学生从身边选择活动材料,在班主任指导下学生自己组织、设计、主持活动,使得主题活动更具有针对性,《共同参与班级管理》、《网络让我们健康成长》等主题班会活动都取得了极好的教育效果。这些主题班会活动不仅反映了学生良好的设计思路和对问题的理解能力,而且使不同学生在原有的基础上获得发展和提高。学生组织活动的独立性和活动内容的创意还需要加强,使学生减少对班主任的依赖,动脑筋把活动开展得更具创意和特色。

《共同参与班级管理》是 A 班的同学们第一次开展的关于班级管理的主题班会。在短短的几天时间里,两位班干部根据班主任的意图及班级工作计划,制作了大量的PPT,把班级工作计划与七年级第 2 学期的班级活动进行了有机的串联。在这次班会中,虽然班干部的组织策划能力不强,应变能力也不令人满意,但是她们身上体现出来的工作热情却为全班同学树立了榜样。细心、敏锐的缪老师也从这次班会中收获了很多,她看到了学生身上的潜在能力,也看到了开展符合班级实际情况的主题班会对班级发展的好处,她相信班会活动同样给学生们带来了值得思索的东西。受学生工作热情的启发,缪老师在每两周一次的主题班会中为更多有工作热情的学生提供了锻炼的机会。渐渐地,越来越多的同学在活动组织策划上跃跃欲试。经过一段时间的锻炼和培养,许多学生在活动的参与、组织、策划、主持上有了自己的想法,心态也逐渐放开,敢想、敢说、敢创造。2005年5月,针对班级部分同学沉迷网络世界,该班举行了主题班会《网络,让我们健康成长》。在筹备和实施的过程中,学生有了不俗的表现,在活动形式上、活动内容安排上都体现了较多思考。这次班会之后,同学们普遍对网络有了新的认识和抵抗能力,更可贵的是,在活动参与过程中,学生学会了互相合作、互相欣赏、互相鼓励、互相帮助。

随着七年级第2学期班级活动的系统与深入开展,A班学生参与集体活动的自主能力和主体意识明显增强。在班级和小组活动中,学生们的积极性极大提高,大部分同学不仅参与活动,还积极为活动出谋划策,为活动贡献自己的想法,改变了过去对活动淡漠的态度和被动执行老师和班干部安排的做法。他们对活动的开展充满着热情,充分地展示自我与发展自我,并且认识到参与班级活动和班级事务是提升自己的契机。当调查中问到"你觉得,大家参加班级活动的主要目的是什么?",同学选择频率较高的是"创造愉快的班级气氛"、"发挥自己的特长"、"多交一些朋友"、"发现同学的优点"、"和同学一起分工完成各项任务"。从学生选择的答案来看,他们对活动目的和意义的认识也逐渐加深。班级活动的开展培养了学生对集体的热爱之情,同学们不仅能展示自己、欣赏他人,还能够在活动中积极主动地了解和关心他人,扩大自己的交友范围,在集体中健康快乐地成长。

（3）A班其他学期班级活动的开展

随着七年级第2学期班级活动的系统改革与有序开展,班级面貌开始有了整体的转变与提升。因此,为了进一步提升和实现学生在新学期的成长需要,缪老师在八年级第1学期将班级活动的重心转移到"着力反映学生真实生活,从中提炼成长主题"上,并积极创设开放的班级活动机制,深度挖掘成长体验并加强成长经验教育的跟进与反思,引导他们主动思考自己的生活,从而学会作出理性智慧的选择。在这个学期中,最能体现这一班级活动开展重点变化的活动就是2005年《努力·成功·快乐》主题班会的策划与实施。在日常的班级活动开展过程中,缪老师经常通过周记了解班级同学最关心的话题,并将大家反映较多的问题提出讨论,并确定为班会主题,继续给以深度的关注和引导。实践证明,在八年级第1学期这样一个学生思维发展与角色发展的转折期,A班的班级活动对学生成长经验的深度跟进、反思、分享与提升,极大地激发了学生的内在动力,提升了他们的精神世界的内涵与视野,实现了有效的发展。

进入到八年级第 2 学期后,A 班学生在与家长沟通方面发生问题的人数呈明显上升趋势,甚至开始出现夜不回家、在外游荡的现象,这些都影响了学生的健康发展。缪老师在专家团队的帮助启发下,积极引导学生潜在的成长需要,将班级活动的重点之一放到了"协调家庭教育与班级发展,促进与父母主动沟通,让学生主动优化自己的成长环境"之上。根据班级管理的系统方法原理,缪老师在这个学期有计划地策划和开展了《十四岁生日》仪式、《父母是你特别的朋友》、《主动沟通》等主题班会活动,收到了非常好的效果。

如在该学期 5 月份的《父母是你特别的朋友》的主题班会上,A 班同学和部分家长共聚课堂,一起重新品味和思考"亲子关系"的内涵。在这次班会活动中,学生领悟到,亲子间的冲突不是因为父母变了,也不是因为自己变坏了,而是因为自己正在长大。同时,学生与家长、学生与学生之间的互相了解得以增进,他们也试着用换位思考的方法来接纳对方。

趁热打铁,在该学期 6 月份,缪老师又在 A 班举行了《主动沟通》的主题班会。在活动之前,全班一起作了如下准备工作:第一,每位同学都对上一次《父母是你特别的朋友》主题班会写了书面感想,并在老师的组织下评选出了有代表性的优秀作品进行全班交流;第二,集体收看"十四岁生日仪式"(结合在"学农"活动中)及《父母是你特别的朋友》主题班会的录像,回顾体验,激发情感,增强集体荣誉感和归属感;第三,成立《主动沟通》班会策划小组,主要承担起本次班会的领导、策划、实施等工作;第四,以小组为单位调查"我和父母有过哪些争执和分歧"的情况并统计与总结;第五,发放有关的学习材料。以下便是这次班会的策划方案。

《主动沟通》主题班会策划方案

一、导入

二、活动交流

(一)回顾成长感受

1. 播放十四岁生日仪式的录像剪辑。

---

2. 思考:十四周岁意味着什么?

(有责任心,有明确的生活学习目标,有调节心理变化的能力,有尊严的学习和生活,能学会为家庭分担责任等)

3. 播放《父母是你特别的朋友》主题班会的录像剪辑。

4. 学生分享感受。

5. 小结,过渡进入下一个板块。

(二)主动面对成长的烦恼

1. 身边的小故事(录像)

(1)片段一:月考后在得知英语和数学成绩后,及时告诉父母,但却引来了他们之间的争执。

引导学生从学生角度讨论:引起争执的原因在哪里? 如果当你身边的同学遇到这样的事情你会怎样做?

(2)片段二:第二天,这位同学来到班级,当同学们了解这一情况后,给予他真诚的问候和关心,其中有一位同学的家长更是上门主动找这位同学家长谈心。

(体现出学生与学生之间、家长与家长之间的沟通)

2. 小组讨论:同学和家长的关心只能起到外因的作用,而这位同学今后应怎样避免这样的事再次的发生?

3. 提炼感悟:指责对指责,会引发吵架;沉默抗拒,会引发冷战。青春期的心理是变化莫测的,时不时的,你会惹点事情让你的父母头痛劳神——其实父母没有变,真正变了的是你自己,应学会主动的沟通,才是化解冲突的关键。

(三)感悟自己的责任

1. 活动:你有"小孩子气"行为吗?

逐一出示题目,以小组的形式完成。全班同学根据自己的情况回答,并统计结果。

2. 领悟:你表现得越小孩子气,你的父母越把你"拴牢"。

3. 故事:《在沟通中成长》。(通过身边同学的小故事,分享与家长主动沟通后所带来的成就感)

4. 讨论：根据活动中全班回答"是"最多的题目，结合亲子兵法三招讨论双赢的对策。

5. 领悟：积极主动的沟通，双赢策略是化解亲子冲突、促进家庭和谐的好办法。

三、活动总结

点明主题，深化内涵，提出希望，让每一位学生都能主动承担应有的责任，促进自我发展，回报父母和社会。

这次主题班会活动氛围热烈，讨论深入，效果极好。学生们在班会上还主动提出了《我们怎样与父母沟通——给同龄人的建议》的倡议书。

进入九年级后，毕业与升学就成了 A 班班级生活的核心问题，这也是任何一所基础教育阶段中国公立学校中所有的班级都无法回避的挑战。班级管理系统方法不是要撇开中国教育的现实处境与需要，进行空中楼阁式的班级建设。反而，我们所理解和追求的班级管理系统方法是立足于中国教育的实际情况，体现实事求是的科学精神，运用科学方法和巧妙的教育智慧化挑战为契机，化问题为资源，在真实的学校生活和班级生活中促进师生的共同发展，帮助他们实现人生的梦想。

缪老师在整个九年级阶段，还积极推进班主任教师、学科教师与学生之间的交往，进一步在教师之间建设"小组合作学习"为主题的教师团队，由此把由班主任教师、学科教师、学生、家长等共同构成的班级系统的各个有机组成部分和潜在的资源充分地发动与整合起来，发挥班级系统的最大合力，从而取得最优化的教育效果。缪老师利用班级网页和面对面交流等不同方式，组织学科教师、学生以及班主任教师围绕"如何加强小组合作学习"开展真诚、深入的交流活动。

3. 班级文化生命化

班级文化是学生精神生活状态和生存方式的反映，好的班级文化在整体上要呈现出朝气蓬勃、催人上进的氛围和生命活力。我们可以从《努力·成功·快乐》主题活动中呈现的班级文化特点感觉到这一点。而从更具有规律性的方面来讲，班级文化可以从发展主题、成长环境和生活空间等方面进行建构。下面结合 A 班三年中就"班级文化建设"这一主要措施的实施情况展开讨论,以期对班主任们有所启发。

表 2-3　A班三年中班级管理主要措施之"班级文化建设"

学期	班级文化建设的具体内容
七年级第1学期	——未有意识地运用班级管理系统方法;
七年级第2学期	——优化交往更新环境,创设富有活力的班级文化 通过岗位评议,形成民主、和谐、相互理解的班级人际关系; 关注"小事"(如调皮学生的具体表现和及时引导),互相欣赏、互相帮助; 班级环境设置多个板块:体现班级奋斗目标的教师寄语、体现学生个性的学习园地、体现学习成长进步的雏鹰争章活动等。
八年级第1学期	——激发动力,关注精神品位 注重学生的精神生活品质,而不仅仅是外在的行为表现和活动形式; 为每一位同学提供更深入的成长体验,以唤起其作为精神生命主体的尊严和活力,同时更为深入地参与民主集体的创建过程; 拓展广阔的生活空间,学生参与"一日实践","义工活动"等; 将班级环境布置与班级活动开展结合起来,让环境布置成为班级活动展示、延伸、跟进的平台。例如,在《努力·成功·快乐》主题班会的开展中,同学们将班会的部分内容转移到班级环境布置上,使得班级环境与班会主题交相辉映、相得益彰。
八年级第2学期	——创设积极向上的班级环境,建立相互支持的人际关系 缪老师发动学生积极参与班级环境的布置,鼓励他们将自己感兴趣的、关心的、认为最有价值的内容反映在环境布置上; 鼓励学生积极创造、发挥自己的特长和才智,在班级环境的布置上体现出特色。班里的墙报、黑板报、宣传栏、学习园地、争章园地、班级形象栏、获奖栏、表扬栏等等都成为学生挥洒才智的平台,有的学生还自创名言警句、书写书法作品、展示摄影照片,班级环境布置不仅在形式上多种多样,而且在内容上也是从学生心理特点出发给学生以支持和鼓励。 每月根据学校及班级所开展的活动主动变换黑板报及学习园地的内容,真正做到了让墙壁说话。 开发班级网页的交流功能,在更充分的交流中感化学生。
九年级第1学期	——充分利用班级网页,实现更充分的师生沟通 相互理解、化解各种矛盾和困惑、激活思想、交流学习感受、完善学习方法; 推出了电子版的《班报》。
九年级第2学期	——进一步秉承班级文化建设方案开展有效的教育教学活动,依靠现有的各方面资源,努力拓展学生成绩的增长点 班主任教师、学科教师、学生、家长的合作的氛围与文化; 由专人负责为同学们辟出相应的体育锻炼的时间,鼓励同学们积极参与篮球、羽毛球等各项运动。

（1）A 班班级发展主题的明确

在 A 班七年级第 1 学期，可以看到整个班级文化氛围零散、薄弱，学生精神状态也散漫，缺乏凝聚力。班级文化建设还处于外在、强加、点状的状态，缺乏鲜明的班级发展主题。最初的发展主题来自缪老师的定位："做最好的自己"，并以"热情、健康、自信、好学"八字口号进行配合。应该说，在当时的情况下取得了一定的效果，班级文化获得了初步的凝聚力和主题。但是，班级管理的问题仍然层出不穷，究其原因，就在于班级文化的建设还处于教师"强加"的状态，班级发展主题并不是学生与老师的互动过程中提出来的，也无属于自己班级的鲜明的发展主题。

在 A 班七年级第 2 学期，缪老师感悟到要想重新鼓舞起同学们的斗志，仅靠一些寄语是远远不够的，班主任一定要关注学生的真实体验和真实生活，形成适合班级的发展主题。在进行了班级情况分析后，她提出了本学期班级管理的目标：学生通过积极参与班级管理，交流与合作，进一步培养热情、健康自信的良好的个性，学会关心班级、同伴和家人，拓宽视野，超越自我，最终达到自我的全面发展。根据这一目标，她组织同学们制定了详尽的班级计划。他们相信，有了符合班级实际情况的班级计划和奋斗目标做保证，就能让班级获得更好的发展。

在 A 班八年级第 1 学期，缪老师把班级管理的工作目标定位是"为每一位同学提供更深入的成长体验，以唤起其作为精神生命主体的尊严和活力，同时更为深入地参与民主集体的创建过程。"她的主要工作思路是：让学生自觉理解班级生活规范，形成内在的动力；同时，关注学生的精神生活品质，而不仅仅是外在的行为表现和活动形式。

在 A 班八年级第 2 学期，缪老师将班级建设的重点转向班级内涵发展。她看到：学生已经能够创造性地理解和遵守班级生活规范，因为其中体现着他们的自觉、自尊和活力；同时，学生的精神生活内容也更加丰富，班级活动能力也有了明显提高。在此基础上，可以让学生主动面对自己成长中的多方面问题，在与父母、同学的主动交往中不断拓展精神生命的发展空间，提高班级生活的内涵品质。

在 A 班九年级第 1 学期，同学开始了紧张的学习生活。同学们的班级口号是：（1）班（1）班，非同一般！缪老师对整个学期的班级工作做了一个总体的规划，希望在紧张的学习之余能不断丰富同学们的精神生活，让他们活得有尊严，力争在毕业时每位同学都能考入理想的学校。

在 A 班九年级第 2 学期,缪老师和该班的教师团队共同商议,形成了这一学期的主要工作思路。他们进一步秉承班级文化建设方案开展有效的教育教学活动,依靠现有的各方面资源,努力拓展学生成绩的增长点!他们的指导思想是:依托课题组的探讨和研究,协同各任课教师为每一位同学提供实现目标的努力方向,通过开展学习小组合作活动,鼓励同学善于与同伴合作,学会有效地梳理初中阶段的知识点,不断提升学习质量,同时把关爱特殊学生群体落到实处。

从以上对 A 班初中三年每个学期的班级发展主题的例举中,我们可以清晰地看到,在班级管理系统方法的指引下,A 班几乎每个学期都根据自己班级发展情况的分析,结合学生的具体成长需要,在师生互动的基础上提出鲜明、适切的阶段性班级发展主题。这些发展主题在班级管理的整体格局中处于一种"承上启下"的作用:对"上",它集中反映着班主任班级教育思想、班级现状分析结果和班级发展目标,对"下",它统领着各项班级发展措施和其他方面的尝试。班级发展主题,不但对班级文化建设,而且对班级日常管理、开展班级活动都有着重要的引领、凝聚、提升的作用。

(2)A 班班级成长环境的营造

班级成长环境是班级文化的重要构成部分,与学生健康成长息息相关。班级成长环境主要包括班级环境布置和良好的班级人际关系的形成。

第一,班级环境的布置。我们还是以 A 班的班级管理历程为例。在七年级第 1 学期,A 班的班级文化建设还处于自发、零散的状态,缪老师也没有有意识地用系统的方法创建更适合学生成长的班级成长环境。但是,从七年级第 2 学期开始,由于缪老师开始受课题组的指导和启发,情况就不一样了。以班级环境的布置为例,缪老师开始积极关注各种资源,以便"利用一切可以利用的条件来实施教育,甚至让每块墙壁都会说话"。比如,在七年级第 2 学期开学初,她就在黑板报辟了一个专栏,定期为学生献上励志语言。如她给同学们送上了这样一段话:"这个世界上注定要有人比你更强,更高,更好。这是不争的事实,但我们不能因此就放弃奔跑。跑,是一种人生姿态,是对生命本质的理解和尊重,是对生活最为真挚和深沉的爱。即使竭尽全力,也跑不过别人,但一定要跑过昨天的自己。"黑板报上这样充满人性和温情的话语,极大地鼓舞了学生的信心。不但如此,这个学期 A 班在班级环境布置方面,还形成了多个板块:如体现班级奋斗目标的教师寄语、体现学生个性的学习园地、体现学习成长进步的雏鹰争章活动等。

除了黑板板这个载体之外,缪老师发动学生积极参与班级环境的布置,鼓励他们将自己感兴趣的、关心的、认为最有价值的内容反映在环境布置上。她还鼓励学生积极创造、发挥自己的特长和才智,在班级环境的布置上体现出特色。班里的墙报、黑板报、宣传栏、学习园地、争章园地、班级形象栏、获奖栏、表扬栏等等都成为学生挥洒才智的平台,有的学生还自创名言警句、书写书法作品、展示摄影照片,班级环境布置不仅在形式上多种多样,而且在内容上也是从学生心理特点出发给学生以支持和鼓励。

不但如此,A班在缪老师的启发和带领下,逐渐把班级环境布置和班级活动开展结合起来让环境布置成为班级活动展示、延伸、跟进的平台。例如,在《努力·成功·快乐》主题班会的开展中,同学们将班会的部分内容转移到班级环境布置上,使得班级环境与班会主题交相辉映、相得益彰。在这次活动中,马辛晔等同学在时间相当紧迫的情况下主动请缨,各自承担了学习园地及黑板报的布置工作。两天后,由于他们出色地完成了任务,为班会活动增色许多。缪老师并未对各种琐事亲力亲为,她更多地关注他们工作的过程:他们在班中各自利用自己的影响力,挑选了部分有特长的同学很快组成两个小组,高效率高质量地完成了任务。当面表扬他们时,他们却把功劳更多地记在了组员身上。之后,他们每月根据学校及班级所开展的活动主动变换黑板报及学习园地的内容,真正做到了让墙壁说话。这些洋溢着文化色彩、体现着学生成长需要的班级环境布置,使得班级充满了成长气息。

第二,良好人际关系的营建。班级成长环境除了外在的班级环境布置外,更关键的是内在良好的班级人际关系的营建,这也是班级管理系统方法"班级文化建设"工作措施中的应有之义。良好的班级人际关系应该是师生之间、生生之间相互支持、互相欣赏、彼此滋养的关系。

A班在七年级第1学期之所以显得凝聚力不强,精神状态散漫,很重要的原因就在于这种良好的班级人际关系的营建还没有被意识到或贯彻。

当进入到七年级第2学期后,缪老师开始有意识地营建班级的良好人际关系。如,她从值日班长日记中发现:由于从众心理,同学们总把纪律问题集中在几位调皮同学的身上。从班级实际看,这样做一方面增加了这几位同学的心理压力,另一方面这些同学平时由于纪律问题总受到批评容易把心理压力转化为进一步的调皮捣蛋，与老师和同学形成对立的情绪。因此在日常的教育中，她身体力行地引导同学们善于观察同学身上的闪光点，特别请同学们关注我班这几位调皮的同学，难道他们身上就没有优点了吗？很快有些同学把所观察的细小之处在值日班长的日记中体现了出来，当通过老师的口向同学们传递这一信息时，教育的效果起到了事半功倍的作用。同时也逐步形成了新的风气：同学之间善于宽容别人身上的缺点，善于发现和学习别人身上优点，即相互宽容、互相欣赏。此外，她还开始关注发生在同学们身边的小事，将这些小事作为教育契机和教育资源。

随着活动开展整体性的提高，缪老师对十分钟队会进行了改革，增强了活动安排的计划性，设计也更加精心新颖、切合学生实际生活。先后开展的4次"十分钟队会"的内容分别是：交流学习方法，相互鼓励，共同树立学习信心；请来自台湾地区的同学介绍台湾地区的春节习俗；请酷爱读书的同学推荐好书；请一位同学介绍因为玩不文明的游戏而造成骨折的痛苦经历。这些队会，为学生提供了展示自己、沟通心灵的舞台，也提供了相互促进的机会。例如，针对陈同学做作业速度慢的情况，同学们展开了手拉手活动，建议他把每天做作业的时间详尽记录下来，在家长、老师及同学的帮助下，找出慢的原因及克服的方法。在共同协商、并征得他的同意后，同学们自愿对他进行跟踪调查，并通过十分钟队会的形式向陈同学及全班及时汇报进展。有的同学把陈同学近期做作业的时间进行了对照，明显的进步让他展露出欣慰的笑容。队会上富有创意的歌曲《蜗牛》及Flash图片的穿插，给了他极大的鼓舞。在学习上，如果谁遇到困难，同学之间都会毫不保留地互相帮助。这些点点滴滴的小事，折射出来的是同学之间的温情、关怀和相互支持。在这样的集体里，每个幼小心灵都会得到阳光雨露的滋养。

缪老师还通过组织学生共同策划班会活动，在过程中引导大家互相合作，彼此支持，从而使得班级的人际关系又得到了改善。比如2005年5月，针对班级部分同学沉迷网络世界，该班举行了主题班会《网络，让我们健康成长》。在筹备和实施的过程中，学生有了不俗的表现，在活动形式上、活动内容安排上都体现了较多思考。这次班会之后，同学们普遍对网络有了新的认识和抵抗能力，更可贵的是，在活动参与过程中，学生学会了互相合作、互相欣赏、互相鼓励、互相帮助。

从八年级第 2 学期开始,缪老师还组织学生开展小组合作学习,引领学生主动承担提高学业成绩的责任,并在相互支持中共同完善成果。而从九年级第 1 学期始,A 班又将小组合作学习扩展、提升到以"小组合作学习"为主题的教师团队建设,缪老师协同各位任课教师为每一位同学确立明确的九年级奋斗目标,通过开展班会和学习小组活动探讨学习方法,提高学习效率,让同学们学会合作。这种相互支持、互相欣赏、彼此滋养的班级人际关系起到了明显的作用。同学们的学习质量明显提高,甚至在每次考试中都给大家带来大大小小的惊喜,包括班级平均分的明显提高和许多同学成绩的明显提升。不仅如此,小组合作学习还让班级中出现了合作中的竞争、竞争中的合作,所有学生以一种自信而积极进取的"阳光心态",在相互支持的同时相互竞争,使得前面 2 年形成的良好氛围有效地服务于提升同学们的学习质量。

(3)A 班班级生活空间的拓展

班级文化建设不仅仅是基于班级内部的资源,还要积极向班级以外的社会空间开放,这样就能拓展学生的生活空间。

《努力·成功·快乐》主题活动项目的策划,就是看到了这样一个资源。它整合 2005 年暑假开展的以"走进社区、走近文明、走进文化、走进科学"为主题的暑期实践活动,将 2005 年 9 月 9 日 A 班到区劳技中心参加了学校组织的"一日实践"活动、2005 年 9 月下旬,A 班参加了学校组织的"义工活动"等社会实践活动中涌现的教育素材和资源,很好地融合进班级自身的文化建设内容,效果很好。

班级生活空间的拓展不但体现为让学生进入更为开阔的活动天地,而且也体现在将班级教育延伸到学生亲子交往中,协调家庭教育与班级发展,让学生主动优化自己的成长环境。在《努力·成功·快乐》主题活动项目策划和实施中,班主任就有意识地把学生的家庭生活世界和学校与班级的教育世界进行融合,如在方案 3 中请学生去采访来自家长的奋斗故事。在八年级第 2 学期,针对初中生容易和父母发生冲突的问题,A 班又连续开展了《父母是你特别的朋友》、《主动沟通》等班会,学生与父母之间的换位思考,增进亲子的和谐关系。

(二)思想性方法层:教育策略

上文就 A 班围绕主题活动采取的班级管理主要措施进行了简要的阐述和评论,但是如果再深入反思,就会发现这些班级管理的主要措施背后还有更深刻的思想内涵。

　　同样面对日常管理、班级活动、班级文化这三个领域,不同的班级为什么会有不同选择?

　　每个班级都有日常管理,为什么 A 班会采用"一日班长制"、民主设立岗位并评价岗位表现?

　　同样要开展"十分钟队会"(日常化的活动),为什么 A 班会让同学们自己主持? ——而相当多的老师(包括一些名师)选择的是班主任个人演讲!

　　每个班都布置教室环境,为什么 A 班让学生自己布置和更新,并且突出班级特色、设置多个栏目?

　　别的班也有"暑期实践活动"、在劳技中心的"一日实践"、"义工活动",为什么只有 A 班才会开展《努力·成功·快乐》这项主题活动呢?

　　同样开展类似的活动,我们为什么要考虑班级"发展状态"、学生的"成长体验"、"学生选择"的自主意义和凸显"提炼体验"的心路历程?

　　在别的班级由班主任一个人策划、在一节课中演讲的内容,为什么 A 班花了2 个月时间、让学生先后策划出 3 个版本的方案、开发更多的资源?

　　让学生付出这么多时间、做这么多事情,值得吗? 有什么价值?

　　显然,仅仅是班级管理"谋划性方法层或主要措施"的分析,是无法回答上述疑问的,同时也无法理解班级管理系统方法背后更深的原理或规律。因此,对班级管理系统方法更高的追求,需要超越"谋划性方法层",进入到"思想性方法层"探讨班级管理"主要措施"背后的"基本策略"。

　　从"思想性方法层"来说,班级管理的"基本策略"包含有"成事育人"的价值取向、"培育自觉"的教育基础、"交往共生"的教育方式等内容。

　　1. 基本策略一:"成事育人"的价值取向

　　所谓"成事育人"的价值取向,即在班级管理的过程中,要尽量让每一件"事"都能开发出育人的价值,尤其是在班级常规活动中挖掘新的教育价值。

　　正是有了这样的价值取向,A 班才会在班级管理中非常重视"一日班长制"、民主设立岗位并评价岗位表现;才会把"暑期实践活动"、在劳技中心的"一日实践"、"义工活动"等事情、活动融合、凝聚、提升为《努力·成功·快乐》这项主题活动,深度的挖掘其中的教育价值。

2. 基本策略二:"培育自觉"的教育基础

所谓"培育自觉"的教育基础,即在班级管理和活动中,时刻强调培养学生的生命自觉,满足学生的成长需要,实现学生的主动发展。

正是因为秉承"培育自觉"的教育基础,在别的班级由班主任一个人策划、在一节课中演讲的内容,A班愿意花2个月时间、让学生先后策划出3个版本的方案、开发更多的资源;全班一起策划《主动沟通》主题班会;发动全班同学共同参与班级发展计划,做班级管理的真正主人。

3. 基本策略三:"交往共生"的教育方式

所谓"交往共生"的教育方式,即在班级管理和活动的各个环节中,促进学生与教师、学生与学生之间的交往,实现彼此滋养、共同发展。

正是基于"交往共生"的教育方式,A班才会策划《共同参与班级管理》主题班会,一起建立班级网页,在《努力·成功·快乐》主题活动中交流同学、家长的发展故事,尝试学习小组生生、师生合作学习方式等,使得A班利用各种机会、平台,促进学生、班主任、任课教师、家庭等主体之间的深度交往、平等对话。

"成事育人"的价值取向、"培育自觉"的教育基础、"交往共生"的教育方式等班级管理"基本策略",从思想的层面"催化"、"启发"、"引领"着"班级日常管理"、"开展班级活动"和"班级文化建设"等三条班级管理主要的措施,从而使得整个班级的发展和管理显得系统而不散漫,有序而不失活力,真正提升了班主任的班级管理智慧,推动了学生的主动发展,改善了整个班级的生存状态。

(三) 技术性方法层:操作技法

班级管理的"主要措施"虽然需要思想层面的班级管理"基本策略"的指导和引领,但是每条措施的真正落实和贯彻,则都要通过具体的班级"事务"来落实。例如,我们从《努力·成功·快乐》主题活动前后3个方案制定的真实过程中就可以看到,具体的班级管理技法对于班级活动的最终发展效果、学生的成长体验都非常重要。

1. 班级日常管理中的操作技法

系统设计班级岗位的技法。如缪老师为了让学生参与日常管理,根据学生的特长设立了类型丰富的岗位,因事设岗、因人设岗。同时,在常规班委之外,按学号顺序推行值日班长工作制,按座位号轮流担任小队长。

结合具体事件进行班级规范教育的技法。为了强调班级规范的内化过程,缪老师并不是空泛、教条式地进行班级规范的灌输,而是结合具体的事情作为线索或契机进行教育。如有些同学对学校组织的冬季长跑锻炼的要求热情不高、偷懒走样,缪老师就抓住这件小事,身体力行进行日常示范和带动,引导同学们体验到参加冬季长跑不仅仅是遵守学校和班级的规范要求,更多的是锻炼了自己的身体,体会到运动的乐趣和精神。不但如此,缪老师配合班级文体委员的管理,加强对冬季长跑锻炼的评点,结果 A 班不但获得了"晨跑示范班",还实实在在地体验到了付出的快乐。

2. 开展班级活动中的操作技法

根据学生需要选择活动主题的技法。从七年级第 2 学期开始,A 班会主题的选定权就属于学生。学生从身边选择活动材料,在班主任指导下学生自己组织、设计、主持活动,使得主题活动更具有针对性,《共同参与班级管理》、《网络,让我们健康成长》等主题班会活动都取得了极好的教育效果。75%的同学认为该学期的几次活动在组织和内容设计上很合理,能满足同学们自己的需要。

吸引学生参与设计实施活动的技法。从七年级第 2 学期的"十分钟队会"开始,缪老师就尝试让同学们自己主持策划和实施班级活动,大大促进了学生参与班级活动的积极性。八年级第 1 学期"一日实践"活动之后,缪老师和班干部商议决定由班级同学以"一日实践"活动为主题策划一次班会课,并结合两周后的义工活动开展以实践活动为主要内容的系列教育活动。由此,才有了后来的《努力·成功·快乐》主题活动项目的灵感和进一步完善的设想。

开发利用、整合各种资源的技法。如在《努力·成功·快乐》主题活动项目的策划准备中,在缪老师的指导下,班会的学生策划小组发动班级学生搜集、整理此前"暑期实践"、"一日实践"、"义工活动"等几次实践活动中留存的资料,包括种种照片和同学们的记录,以此作为主题活动的教育资源。

整体安排系列主题活动的技法。针对八年级第 2 学期开始学生与家长之间冲突、矛盾明显上升的情况,缪老师以"协调家庭教育与班级发展,促进与父母主动沟通,让学生主动优化自己的成长环境"为重点,整体设计、安排系列主题活动。如陆续有计划地策划和开展了《十四岁生日》仪式、《父母是你特别的朋友》《主动沟通》等主题班会活动,收到了很好的教育效果。趁热打铁,在该学期6月份,缪老师又在A班级举行了《主动沟通》的主题班会。

建立通畅的沟通渠道的技法。缪老师在A班开展班级活动的过程中,一方面充分利用学生的日记、周记、作文、平常的交谈等沟通渠道了解学生的成长需要,同时也通过小组合作学习、座谈会、班会、班级主页等方式或载体建班主任教师、学科教师、学生、家长等的立体沟通网络。

3. 班级文化建设中的操作技法

巧妙利用班级黑板报的技法。在A班七年级第2学期,为了鼓励班级学生的斗志,缪老师专门在班级黑板报上开辟了一个专栏,定期送给大家一段话。很多同学都记住了缪老师送给他们的"要跑过昨天的自己"这句话,从而找回了自己丢失的信心。又如,在策划和准备《努力·成功·快乐》主题活动项目时,同学们把收集到的生活和学习中的成功事例、采访到的父辈们艰苦奋斗的人生历程等丰富的素材通过班级黑板报来呈现。不但如此,A班同学每月根据学校及班级所开展的活动主动变换黑板报内容,真正做到了让墙壁说话,从而使得班级环境与班会活动主题交相辉映、相得益彰。

巧妙布置班级环境的技法。除了黑板报这个载体之外,缪老师鼓励同学们充分利用班级的环境空间,把他们感兴趣的、关心的、认为最有价值的内容都反映在班级环境布置上。墙报、宣传栏、学习园地、争章园地、班级形象栏、获奖栏、表扬栏等都是学生们发挥创造、实现成长的平台。

建立相互欣赏、相互合作的生生关系的技法。如缪老师引导同学们善于观察同学身上的闪光点,尤其是让大家关注调皮、容易被班级同学责备的几位同学的优点,并在值日班长的日记中及时体现。这样的教育行动起到了事半功倍的效果,同学之间逐渐形成了相互宽容、互相欣赏的风气。又如,缪老师精心设计、策划了4次"十分钟队会"活动,内容分别为:交流学习方法,相互鼓励,共同树立学习信心;请来自台湾地区的同学介绍台湾地区的春节习俗;请酷爱读书的同学推荐好书;请一位同学介绍因为玩不文明的游戏而造成骨折的痛苦经历。这些活动为同学们展示自我、沟通心灵、彼此促进铺设了舞台,班级氛围变得温暖与信任。

建立平等交往、真诚沟通的师生关系的技法。从九年级第 1 学期开始,A 班把学生之间的小组合作学习升级为以"小组合作学习"为主题的教师团队建设,缪老师协同各位任课教师为每一位同学制定明确的九年级奋斗目标,通过班会、学习小组活动、师生座谈等形式师生一起探讨学习方法,提高学习效率,学会合作学习。这样的活动大大地促进了相互支持、互相欣赏、彼此滋养的班级人际关系的建立,师生们都从中获益匪浅。

班级文化建设与社区生活融合的技法。《努力·成功·快乐》主题活动项目就是缪老师有意识地把"走进社区、走近文明、走进文化、走进科学"为主题的暑期实践活动、区劳技中心"一日实践"活动、学校组织的"义工活动"等社会实践活动融合的完美个案。

班级文化建设与亲子交往融合的技法。在《努力·成功·快乐》主题活动项目策划和实施中,班主任有意识地把学生的家庭生活世界和学校与班级的教育世界进行融合,如在方案 3 中请学生去采访来自家长的奋斗故事。在八年级第 2 学期,针对初中生容易和父母发生冲突的问题,A 班又连续开展了《父母是你特别的朋友》、《主动沟通》等班会,学习与父母之间的换位思考,增进亲子的和谐关系。

因此,我们还需深入各个领域,从"技术性方法层"梳理班级管理系统方法的操作技法。具体而言,这些操作技法包括制定发展计划的技法、设置班级岗位的技法、制定活动方案的技法、编排各个节目的技法、鼓励撰写周记的技法……

班级管理的"基本策略"、"工作措施"和"操作技法"构成了班级管理的方法系统。其中,班级管理的"基本策略"居于上位,"催化"工作措施,蕴含教育思想;班级管理的"工作措施"居于中位,"整合"各种资源,经营三大领域;班级管理的操作技法居于下位,"落实"工作措施,处理具体事务。在这一方法系统中,居于中间层次的"工作措施"(特别是"主题活动")最为重要。它能将居于上位的教育策略落到实处,也能融合居于下位的各种操作技法,从而让工作不流于琐碎。

限于本章的篇幅和功能,我们将会在第三章中更为详细、具体地阐述班级管理系统方法的各项"基本策略"、各条"主要措施"以及常用的"操作技法"。

第三章
班级管理的方法系统

我们已经从《努力·成功·快乐》主题活动项目的策划、开展、实施的前后过程中，真实感受到了班级管理的系统方法的具体运用。当然，这只是一个典型的个案，为了完整地阐述班级管理方法系统的构成、内涵及各个层次之间的关系，我们有必要在本章中对班级管理方法系统进行集中、系统的论述和说明，从而超越感性的个案层面，掌握班级管理方法系统的本质。

我们理解的班级管理方法系统由"思想性方法层——基本策略"、"谋划性方法层——主要措施"、"技术性方法层——操作技法"三个层面的构成。其中，三项基本策略分别是以"成事育人"为核心取向、以"培育自觉"为教育基础、以"交往共生"为教育方式，三条主要措施分别是建设民主合用的管理体制、创设主动参与的活动机制、营造开放舒心的班级文化，五套操作技法则分别对应于班级管理工作的策划、组织、实施、反馈和改进这五个环节。

一、班级管理的基本策略

班级管理的三项基本策略是对学生个体和班级整体发展起着定向、原则作用的班级教育方法。在班级管理方法系统的各个构成层面中，它是最富有教育思想内涵、发挥着思想统领和辐射作用的层面，所以也可以称为班级管理方法系统的"思想性方法层"。

在这三项策略中,以"成事育人"为核心取向体现了班级管理作为教育活动的基本属性和价值取向;以"培育自觉"为教育基础体现了对学生发展目标的理解和把握,即强调培育学生自觉追求发展的意识和能力,具体表现为敞现学生的成长需要、培养学生的自主意识和能力;以"交往共生"为教育方式则是"成事育人"、"培育自觉"在班级管理中具体展开的活动方式,突出的是师生交往、生生交往对于班级管理和学生成长的重要意义。

(一) 以"成事育人"为核心取向

"成事"有两层含义。第一层含义是指"完成了一件事情"、"解决了一个问题"、"达到了一个要求"等;第二层含义是指"成功地完成了一件事情"、"成功地解决了一个问题"、"成功地达到了一个要求"等。具体在班级管理领域,比如"办好了一次黑板报"、"完成了班干部的选举"、"制定了班级发展规划"、"开完了一次班会"、"布置了班级的环境"等等。

"育人"也有两层含义。第一层含义是指学生(个体或团体)在过程中受到了真正的教育,知、情、意、行等得到了真正的发展,人性得到了真正的锻炼和提升,生命得到了真正的滋养和成长。第二层含义则指不但是学生(个体或团体),而且也包括班主任老师在内的教育者在过程中受到了真正的教育,知、情、意、行等得到了真正的发展,人性得到了真正的锻炼和提升,生命得到了真正的滋养和成长。限于篇幅和精力,本书在显性意义上主要讲的是第一层含义,但我们可以把这两层含义结合在一起思考,因为真正的"育人"过程永远都是师生的共同成长与发展。

在班级管理中"成事"和"育人"之间存在着多种关系,包括"不成事而有育人效果"或"成事却没有理想的育人效果"等情形。相比之下,最值得倡导的选择是"既能成事又能育人",这就是通过成事来解决班级发展中的问题。换言之,做同样的事情,不仅达到外在的标准和要求(包括上级提出的要求和本班师生自己提出的要求),又能在这个过程中促进师生、特别是学生实现内在的发展和成长。

这就要求我们在处理班级事务、开展班级活动时超越"事务性境界",追求"教育性境界"。在"事务性境界"中,班主任对班级管理主要采取的是事务性眼光,在日常实践中只是把班级管理中的任务、问题、事件等都作为平庸、琐碎、让人心烦、急于逃避的事务来处理，就事论事，满足于程式化，其结果是让学生的班级生活和自己的教育生涯流于平庸。在"教育性境界"中，班主任对班级管理主要采取教育性眼光，在日常实践中把班级管理中的任务、问题、事件等都作为一项一项教育活动，带领学生和班级主动开发它们内在的教育价值，其结果是学生的班级生活和自己的教育生涯指向高尚，不断生长，惊喜连连。这两种境界的区别，可以表述为下表中的内容。

表 3-1　"事务性"与"教育性"班级管理境界对比表

班级管理的"事务性"境界	班级管理的"教育性"境界
着眼于短期见效的事务。 教育开发的意识弱。 重点仅放在完成事情。	着眼于长期有效的教育。 教育开发的意识强。 重点既要完成事情，更要引导人，培养人。
被外界强迫的，内心自发性程度比较低。	带着兴趣、期待、创造的心态，内在自发性更强。
繁琐、碎片化，让教育生活流于平庸，易使教师倦怠、疲惫、沉沦、冷漠。	融通、具有内在的一致性，让教育生活品质不断提升，更容易使教师体验尊严、欢悦与高尚。

这样说来，以"成事育人"核心取向的关键就在于化"事务性"工作为"教育性"活动。从外部来讲，就是要有意识地、有智慧地把班级管理中的"事务性问题"转化为"教育性问题"；从内部来讲，班主任要有意识地提升班级管理境界。通过这样的努力，我们就有可能为学生开发更多的教育资源，让学生主动敞现和创造更多的成长体验，从而在"成事"的过程中"育人"，而班主任自身也会在这个过程中"成事成人"。

从许多智慧型班主任的工作经验来看，我们至少可以从如下四个方面着手将"成事育人"的核心取向落实在具体的工作中。

1. 在常规管理中实现民主参与

任何班级都需要基本的日常规范以保障正常的班级生活秩序，因此班级常规管理是班级管理中最基础、最日常的任务或工作。但面对同样的任务或工作，班主任也会有不同的选择，从而获得不一样的发展效果。在这里，需要超越的情形是：把班级的常规管理视为不得已的事务性工作，仅仅满足于建立班级常规、维持班级秩序，从而便于自上而下地"控制"学生和班级。相比之下,值得追求的方向是:把班级的常规管理视为蕴含丰富教育资源和契机的教育性过程,不满足于班级常规的秩序维持功能,而是主动化班级常规管理为民主参与的机会,积极尝试让学生自主管理班级事务,民主参与班级生活过程。

学习纪律:从事务问题变为教育问题[①]

在一个实验班,班主任老师承担着一门学科的教学任务。在调查了解该班情况时,我们发现该班学生在这门学科中有非常好的表现:上课时,纪律良好、发言积极;课后,作业及时完成,而且质量颇高。此外,除了最开始的两个学期外,后来的期中、期末考试平均成绩都居于全年级7个平行班的第1名或第2名。但是,在其他学科中,该班学生的表现却不尽如人意。有的课上只有几个人与老师互动,有的人会在上课时打闹,有的学生不交作业或迟交作业,甚至有学生公开抄袭作业。这导致几位科任老师颇有怨言。

针对这种现象,班主任布置几位班干部轮流监督学生,将在课堂上不认真听讲者(打闹者、讲"小话"者、开小差者)的名字偷偷记下来,让每门课不交作业或抄袭作业的人接受惩罚(罚抄作业,有时达到20次)……

后来,经过与研究者和其他科任老师协商,班主任作了一些新的尝试。(1)通过问卷、访谈等方式了解学生对学习纪律的看法,包括他们所见的情况、他们的理解、他们的改进建议。(2)组织小组商议,并在班会中集体讨论(班会上请几位科任老师到场)。通过讨论,让更多同学明白具体情形、理解不良习惯的弊端,思考如何对自己的学习行为负责。(3)师生共同达成几项对策,并指定专门的人来检查落实。

这样,一个学习纪律问题也就从"事务性问题"转化为一个"教育性问题",让学生个体和集体从思想到行为、从个别行为到集体行动、从认识到对策和制度等方面都获得了新的发展。同时,这一解决问题的教育过程,也是让学生广泛地参与民主管理班级的过程。正是因为教师注意为学生创造民主参与的机会,学生才

---

① 摘自华东师范大学教育管理系李伟胜博士参与一个实验班的研究时所写的研究札记,2001年。

有可能挖掘自己的智慧潜力,在解决问题的过程中获得成长。

将班级常规管理转化为学生民主参与的契机和过程,并不是一帆风顺、自然而成。也许,这些尝试在起步阶段及后来的某些时候会出现短暂的"混乱"或不成熟表现。不过,从长远来看,这确实为学生个体提供了多方面的教育机会,包括展现自我、认识自我、理解别人、理解班级生活需要、自主管理、民主参与班级生活。

许多班级尝试采用类似的措施(如轮换班干部岗位、让学生自主组织班队活动)。其中,还需要看到学生集体意识、自我管理能力等是否得到有效关注和培养。否则,班级建设也许超越了"管制型班级",却停留于其他境界、而没有达到"民主型班级"的境界。

2. 在规定任务中激发创造活力

有人会经常开玩笑地说"班主任是天下最小的'主任'",话虽是玩笑,但也在一定意义上表达了班主任工作的日常现实状态。在班级管理领域,许多时候班主任的自主空间都会受到限制,其班级管理的主题和内容等诸多方面也都不可避免地受到学校、区域等整体安排的影响,其中就包括要完成上级教育部门组织的各项活动。这些活动往往被作为规定性的任务、要求布置下来,如黑板报、开展广播体操比赛、展开爱国主义教育、配合当地重大政治、经济、文化事件的活动等等。

处于"事务性境界"的班主任习惯以被动、被迫的姿态理解这些活动,仅仅把它们看做是需要应付上级的任务或事务,满足于做完交差即可。于是,无论是班主任自己亲自动手,还是指定班干部处理,其目的主要都是为了达到外在的评价标准,争取一些荣誉,获得一些名次等,而较少主动有意识地关注学生在这些活动中获得的发展。

处于"教育性境界"的班主任则会结合自己班级的实际情况和需要,充分理解、挖掘、策划这些规定性任务的意义和价值。哪怕上级布置的某些活动中存在着形式主义特征或倾向,班主任也会以"成事育人"作为班级管理的价值取向、思维取向和操作取向,真心关注学生主动发展的机会,尽力从这些规定性任务中挖掘、策划教育价值,把它们转化为激励学生进行创造的活动。

例如,一位班主任组织学生竞争黑板报主编一职,并要求主编负责组织和培养其他同学,从而既让有一定专业特长的学生负责完成任务,又让这些学生承担着组织和教育别人的责任,使这些学生都获得了更多的主动发展。

再如,另一位班主任针对班级凝聚力不够强的问题,通过细致的思想工作和组织措施,将刚组建班级后的第一次广播操比赛转化为激发学生自尊心和班级荣誉感的教育活动,让每一名学生都全心全意地付出努力,让一项规定性任务成为建设新型班级的创造性活动。

3. 在偶发问题中促进自我教育

每一个孩子,每一个学生都是独特的生命体,他们都有着自己独特的个性、经验、需求和表达方式,他们也都有着自己独特的成长节奏和成长方式。因此,试图用划一性的班级秩序来"控制"所有的学生,妄图和谐安全,不出现"差错"、"噪音",这本身就是不现实的想法和做法。在班级生活中,由于意识到或无意识到的原因,引发学生的各种偶发的分歧、问题,本身都是极为正常的。

处于"事务性境界"的班主任由于仅仅以维持所谓的班级秩序为目标,关注学生个体对集体的服从和归顺,就会把班级生活中学生个体或群体出现的偶发问题视为"意料之外的麻烦"、"班级和谐主题之外的噪音",于是班级管理的重点就放在消除麻烦、消除噪音、消除问题之上。"麻烦"可能被除掉了,"噪音"可能被消除了,"问题"可能被解决了,但是学生成长的契机和另一种可能也被可惜地扼杀了。

处于"教育性境界"的班主任则会把学生这些偶发性的"麻烦"、"问题"、"噪音"视为有趣的、向教师进行召唤的"奥秘",从而从学生个体和集体发展的角度来思考它们的教育价值,利用这些"麻烦"、"噪音"、"问题"中展现出的学生特点(包括优点和弱点),因势利导,将其转化为学生自我教育的契机。

不用说话[①]

这是一个关于班级中单亲孩子的真实故事。

军训场上气氛严肃活泼。但我注意到了一个慌乱的身影、一副焦急的面孔。越来越清晰了,那是我班陈桑同学的父亲。短短几分钟,我知道陈桑同学的父母吵架后,他的母亲想不开,喝了农药,经抢救无效,现在处于弥留状态,希望孩子回

----

① 摘自武汉市东西湖区慈惠中学张琴琴老师的班主任成长日志。

去见她最后一面。因为他的父亲的要求，我没有告诉孩子实情，只是放了他的假。看着孩子跟随父亲兴奋离去的背影，我心疼，鼻子一酸，泪水喷涌而出。脑袋里全是孩子回家后的骤然转变，他该怎么面对呢？

几天后，陈燊同学来上学了。但是他完全不一样了，沉默、颓废、暴躁、反叛。于是，一切问题就都来了。课上不听讲不看书不合作，课下不作业不复习，课间不好好沟通违规闹事，脾气很大，一点就着。有老师直接提出要求，有老师间接进行劝导，有同学避而远之，有同学耐心忍之。

但陈燊同学却软硬不吃，对避之者律之者恨意难消，对忍之者劝之者敌意难平，不是认为别人无情，就是认为别人假意。我找他父亲了解情况后明白了，这孩子因为家里的变故让他心绪郁结，伤心极了，恨极了，无奈极了，茫然极了。吵架让他失去了母亲，他很恨父亲，母亲也有不对的地方，娘家人又来大闹特闹，他根本就无法自处，他的世界完全混乱了。对所有人有敌意，但他以前不是这样的，还是比较喜欢上学，比较喜欢集体的，愿意和同学们在一起。我静下来想想，他这样其实是很正常的，本能地和同学们一处，却摆脱不了内心巨大的伤痛，所以才会天天准时到校又不能平静，内心需要别人关怀，又怕别人可怜他，他的自尊和伤痛都在折磨他。

绝对不想放弃他的我，想试试看。我想营造于他有效的情境。几番思考，我想趁着那时初冬的暖阳引导他。

我开始叫学生集体晒太阳。主要是中午休息时间，把桌椅搬到有阳光的地方，享受阳光，感受温暖。有时是操场上，有时是花园里，还有时就直接席地而坐，或在草地上睡午觉。晒太阳时做自己的事，不出声就行，学生们很喜欢。这样持续了很长时间。虽然占用了一些自习时间，但我班的学习效率没有下降。我还特意把陈燊同学调到第一排坐，因为这样子他可以多晒到太阳，也因为我坐在门口时离他最近。

要考试了，中午晒太阳时大家都用笔默写单词、诗文什么的，只有陈燊同学趴着睡觉，又睡不着，不停变换姿势。我看着他，在他换姿势的时候，我们的目光相遇了，我轻轻点点他的语文书，表情轻松。我觉得孩子们都知道哪该做哪不该做，只是看怎么提醒他们罢了。我这一敲，陈燊同学居然坐起来，开始在抽屉里翻腾书本了。他先拿出一个草稿本，然后手不停地摸，东摸西摸之后，还把头探到里面看，我明白了，马上把我手里的笔放在他的桌子上，又点点诗文，然后接着晒太阳了。

还有十分钟下课时,我说你默写一遍来看看。他交上来我发现了几个错别字,说:"错了这些易错的字,和其他同学一个毛病。不过比你上次默写有进步,那次你居然有成句的不会。好,这笔就是你的奖品了,做个纪念吧!"他很惊讶地看着我,要知道他的上次默写已经是三个月前的事了,我们的目光再次相遇,我会心地笑了笑,拍了一下他的肩,径直走了。

后来,他开始完成我的作业,也和我说点话,我就在渐入佳境后,慢慢拉他回来,三年后,他没有任何不良记录的情况下毕业了,关键是这对父子之间的恨意化淡而无了。而我,就很感激这太阳,它令我温暖。大自然的神奇令我敬畏。

4. 从家庭社会中开发教育资源

学生是生活在家庭和社会之中完整的人,虽然他们在班级中成长,但是家庭生活和社会生活都无时无刻不影响着他们的成长。学生的家庭生活凝聚着他们每个人的成长历程,亲人的生活经历、发展过程,也蕴藏着丰富的教育资源。同样,学生所处的社会生活中的许多内容(它们既包括需要及时应对的紧急性任务,也包括需要辨析的各种社会现象,如网络游戏、追星现象等),都直接或间接地影响到学校教育。

处于"事务性境界"的班主任过于被学校和班级管理中的事务性因素控制,更多地把注意力放在应付任务、规定性的知识学习之上,而容易忽视学生作为一个家庭人、社会人的完整性,对于学生家庭和社会生活中蕴含的丰富教育资源也缺乏主动地关注与挖掘,从而使这些资源处于自生自灭的状态。以班主任要经常面对和处理的"家长会"为例,有些班主任把它当做是事务性的工作,忽视"家长会"这一"成事育人"的好资源,而采取一种居高临下或被动迁就的姿态开展"家长会"。于是,"家长会"要么成了老师们的"告状会",要么成了家长们的"投诉会",从而气氛异常紧张、沉重。这样的家长会,学生也会很反感和抵触,最终的效果往往不如人意。

处于"教育性境界"的班主任始终保持着"成事育人"的核心取向,着眼于学生生命的真实成长,因此善于把与学生发展有着内在联系的家庭与社会生活内容,转化为班级管理的积极教育资源,从而打开了更为开阔的教育空间。同样以"家长会"为例,处于教育性境界的班主任会超越事务性的眼光,把"家长会"视为"成事育人"的好平台、好契机,将传统的"投诉式"、"告状式"家长会变成"学生成长的展示和交流平台"、"家庭教育的交流平台",从而把学生的家庭生活和学校生活进行沟通和转化。

以下三段班主任日志都是本书作者指导武汉市某高中"七色彩虹"班主任工作坊以"成事育人"为核心取向进行家长会变革的真实心得,可供我们参考。[①]

谈成绩还是不谈成绩?

樊 昱

上周一直在准备家长会,但过程很纠结,主要是不知怎么和家长谈成绩的问题。我们这个班,家长首先,肯定,关心孩子的成绩。孩子们的成绩,说实话,我自己都不满意。孩子们也很忐忑,无论考得怎样。但是,他们大部分人付出的比其他孩子确实要多些,进所谓的好班,承受的压力和失落感甚至挫败感可能更强烈,因为有对自身的要求。如何学习,如何看待考试成绩,如何让孩子和父母良好沟通,互相理解才是最重要的。

所以,最终我放弃了谈成绩,而是让家长走进孩子们的生活,静听他们的心声。希望,我能让父母、孩子都有所得。

感动的力量

肖 颖

这次家长会,学生在教室外面站得满满当当,他们很害怕老师会跟家长告状,我只想说他们的顾虑是多余的,因为从头到尾,整个家长会弥漫的都是感动,有几位家长哭了起来,使得我这个班主任的眼泪也忍不住地往下流,有这样几点感动:

班上有位同学的家长是开饭馆的,特别忙,那天我让学生给家长写信,他不愿意写,询问原因,孩子哭了起来,一米八的大男孩,在我面前哭,还真的让我有点意外,询问之后才得知,从小到大,因为家长忙碌,所以家长会一直都是小姨代劳的,这次,看到同学都有自己的父母来参加,他觉得心里很难受。后来我给他的家长打了电话,家长起先也推脱忙碌,身体不舒服,后来经过一番交流后,没想到第二

---

① 三个案例具体请参考《架起师生幸福生活的虹桥——武汉市吴家山四中"七色彩虹"班主任工作坊成长日志》(第二辑)第164—165页,华中科技大学教科院、武汉市吴家山第四中学联合编制内部材料。

天,孩子的妈妈来了。在看了这个学生的视频之后,妈妈就一直哭个不停,可能是这么多年来,她一直认为给孩子吃穿,孩子就会满足,没想到,他的内心里有这个脆弱的角落直到今天才向妈妈第一次打开,这个家长散会后对我说,从这次开始,以后每次的家长会她都亲自参加,她错过了曾经很多次对孩子的关注,她不想再错过了,也不想让孩子再失落。

还有我们班的第一名,成绩很好,却有位残疾人的父亲,一直以来跟着姑妈一起生活,姑妈在讲述他的学习经历时,声泪俱下,感动了在场的所有人,有些家长送来了纸巾,安慰这位姑妈,这个孩子每天只睡四五个小时,学习非常刻苦,从来没有向姑妈提过任何要求,不讲吃不讲穿,阳光开朗,平日里安排他做任何事情,他总能做得很好,如此乐观开朗的孩子从来没有让人担心过,贫困的家庭铸就了他坚强的意志。

像这样的例子有很多很多,这次家长会让我收获了一份内心的感动,说实话,在以前,我总觉得学生调皮甚至惹了麻烦,家长要么不管孩子,要么只会逼迫孩子学习,没想到,通过这次家长会,让我知道了很多背后的故事,收获了一份意外却震撼心情的感动。那天晚上,我没有睡着,想了很多很多,也许在平日的忙碌口我们忽略了情感的交流,毕竟人是重情重义的动物,动之以情,晓之以理,感动也是一种好的教育。家长会后,很多学生发生了变化,经询问才得知,很多家长回去之后给了他们鼓励的言语,有些家长还给他们鼓励的拥抱。

除了上述开发"家长会"的"成事育人"的教育价值,班主任还可以让学生采访家长的奋斗经历,通过研究性学习来调查研究社会流行文化和各方人士的看法……这些都可以成为学生自主开展的活动。

实验班的学生利用自己所学的知识和从其他途径搜集的信息,分专题、分小组(包括利用学生自愿组成的小队和非正式群体)主动调查了解周围社区生活(如本社区的历史文化、环境污染和保护情况等)。他们看到了许多令人自豪的内容,也看到一些让人揪心的不良现象。他们了解到社区居民生活中的一些原生形态,包括为追逐利益或方便自己而不顾社区发展的行为,也了解到政府部门正在采取的改善和发展措施。这样,他们既看到了问题,也看到了希望。在此基础上,他们在班会中展示自己的发现(他们带着真情的展示活动,虽然表演技能不够高,却深深打动了在场用心感受的老师),并发挥集体的智慧力量,共同商量自己应该如何为促进家乡发展而尽心尽力。推而广之,他们对如何爱家乡、爱祖国、爱父母和人民,就有了更真实深刻的体会。①

智慧型班主任在班级管理的过程中会始终把"成事""育人"融合为一个整体,并将其作为班级管理的核心取向。有了这样的核心取向,无论是班级日常管理、学校或上级布置的任务、学生突发的问题还是家庭和社会生活内容,班主任都可以从中发掘出教育价值,从而开拓学生的成长空间。

(二)以"培育自觉"为教育基础

"成事育人"是班级管理的核心取向,它启发着班主任开发班级生活的教育价值,因此也可以看作是班级管理的逻辑起点。选择这一起点之后,下一步的策略就要追问培育什么样的人,这是开展有效教育活动、进一步拓展学生发展空间的关键基础。从时代发展的趋势和个人发展的内在要求,"培育自觉",即培育学生自觉追求主动发展的意识和能力,无疑应该成为这一关键的教育基础。

从班主任工作的实际来看,"培育自觉"当然需要教师感受、发现、敞现和提升学生的发展需要,因为若不立足于学生自己的发展需要,则难以真正有效地开展教育活动和培养学生内在的自觉意向。不过,相比之下,"培育自觉"更为关注的是要培育学生清醒、灵活、持续的自主意识与能力,因为追求个体的自主发展与精神成熟是教育的真谛所在——学生的发展归根结底取决于他自己的成长活动,而这需要他们自觉主动的选择发展目标、资源和方式。

作为未成年人,中小学生并不全然知晓学校生活对于自己的发展价值。正因为如此,青少年才需要接受教育,尤其需要教师以更高的境界、更广阔的胸怀、更清晰的思

---

① 参阅陈文峰:《主题班会〈我爱南安〉》,载于《采撷希望——福建省南安市实验中学"新基础教育"课题探索与实践》,2002(2)。黄晓雁:《初中主题班队会"四步循环"式的探索》,载于杨小微、李家成主编:《"新基础教育"发展性研究专题论文·案例集(上)——学校管理·班级建设》,北京:中国轻工业出版社,2004年,第239页。

想、更高明的办法来帮助他们,包括引导青少年在同伴群体中、在班级中敞开胸怀,真诚地相互了解、相互欣赏、相互启发。在这里,最为关键的不是教师或其他人是怎么说的、说了什么,而是青少年本人是怎么想的、想了些什么、为什么这样想。也就是说,从当代教育改革要求看,关注学生本人对自己的理解,激发他们自己的主动发展动力,这是一切班级教育的关键着力点。

在这方面,美国纽约大学教育学院教授拉思斯(Louis Raths,也译为瑞斯、雷斯、拉斯)提出的"价值澄清法"可为我们提供一些启示①:要关注学生个体的存在,关注学生自己内在的发展动力,同时,教师或其他人不应将自己的价值观强加给学生。以此为基础,在从建设"民主型班级"的角度来思考相关策略时,还应该有更高追求,即不仅让学生澄清自己现有的价值观,而且还要在更高境界上理解自己的精神生命,包括其发展需要、发展动力和发展能力、发展资源。这具体表现为:(1)除了价值观,还应关注学生精神生命的其他领域,如学业、人际交往、如何为班级作贡献、如何理解社会发展现状与趋势,由此理解自己的发展方向,形成主动发展的动力。(2)除了"澄清"学生对自己、班级和社会发展状况的理解,更重要的是,形成主动发展的意识和能力,追求更高境界的发展。(3)除了关注个人,还要关注同伴、班级和社会、人类。(4)教师不仅是中立的倾听者、总结者,更是带有责任感和价值倾向的帮助者、促进者。教师既要帮助学生澄清自己当下的生活状况,还要帮助他们理解自己的发展方向;既要为学生提供必要的学习资源,更要引导学生创造性地将这些资源用于自己的主动发展;不仅要帮助学生理解他们所学知识、所做之事的个人意义,更要帮助他们把这种个人意义与更深远的意义联系起来;不仅要创造维持班级发展的氛围,更要创造让学生个体和集体可持续发展的愿望与能力。

---

① 这一方法旨在协助青少年察觉自己和他人的价值、确立活动的目的,使他们具备批判思考能力。"价值澄清法的主要任务不是认同和传授'正确的'价值观,其目的是帮助学生澄清他们的价值陈述与行为。"[L. E. Raths, M. Harmin, S. B. Simon. *Values and Teaching*: *Working with Values in the Classroom* (2nd Edition). Columbus, Ohio: Merrill, 1978. P12] 在具体运用价值澄清法时,教师需首先了解学生过去的经验,帮助他们澄清他们的思想,表达出自己的看法,然后组织他们自己进行评价和反省。一般采用谈话法、书面答卷和讨论这几种形式;其中,当学生在讨论中发表看法时,教师不作评断。讨论的技术性方法有角色扮演、假想偶发事件、拐弯抹角的讨论等,讨论的步骤有选择讨论主题、鼓励学生经过思考再发言、活用讨论方式、帮助学生总结学习经验等。

以上述认识为基础,我们可以尝试将谈话法、书面答卷、讨论等具体方法整合起来,从如下途径引导学生理解自我、自觉追求主动发展。

1. 结合现状自觉辨析发展方向

中小学生对自己的生活状态、发展情形不一定有全面而清晰的理解。实际上,即使是成年人也未必能对自己有清楚的了解,因为每个人都有可能受到视野、思维方法等方面的限制。因此,与他人交往,尤其是与有共同生活内容和相近发展目标的班级成员交往,可以成为学生澄清自我(包括个体与群体)认识、明确发展目标的有效途径。

例如,在对一个实验班进行研究时,经过一年半的交往(我们在此期间每周至少一天到实验班听课、参加学生活动、交谈),到了初二时,有一名学生在期中考试前给我写了一张纸条,提出了一些问题:"a. 为什么我认为自己比别人笨? b. 数学、物理为什么学不好? c. 为什么很担心今后的生活? d. 为什么自己的成绩老上不去? e. 为什么我很害怕数学、物理测验? f. 为什么上课听懂的东西回家却不会做了? g. 为什么学习学不好? h. 为什么我会有放弃学习的念头?"

针对他提出的这些问题,结合我们对他在班级中的发展情况的了解,我们从多方面开展研究。a. 我们直接与他个人交流,回答他提出的问题。在与这名学生直接交流的过程中,我们把我们的看法告诉他,但更主要的是引导他作更多思考,帮助他拓展视野、深化认识。例如,针对"为什么自己的成绩老上不去"这个问题,我们提出:"希望你具体说说,哪些学科的成绩老上不去? 具体的成绩是怎样的? 你平时是怎样学习(包括复习)的?"b. 对班级中其他学生的类似情况作进一步了解,并发动学生们就类似的问题展开探究,以让他们共同理解现状、探索努力方向。结果表明,像他这样为自己的成绩和将来的发展感到忧虑的学生确有不少。经过交流,大家明白:这正是许多人在初中阶段都会有的经历,而不是某一个人独有的特殊现象。要成功走过这样一段探索自我、形成自我意识的阶段,既需要个人更坚强、持之以恒地落实学习计划,也需要多与同学、老师交流,获得更多支持,让班级成为互相理解、共同克服困难、一起走向成功的生命共同体。c. 我们与数学、物理老师协商,共同诊断班级中类似的情形,商量如何与学生们一起探讨改进的策略。d. 将所有这些方面的努力成果汇总成一些来自教师、学生个人、学生小组的看法和建议,在一次班会中进行交流,以达成共识。其中,对于这名学生和有类似问题的学生,大家提出:

也许你的成绩表现在正常的波动范围内，可能因为这一阶段的初中生对自己的表现更敏感，也有追求出色表现的强烈愿望，于是感到没有达到预期目标，有些失望。

也许你的成绩有所提高，但别人提高得更快，这样，相比之下，你的成绩就显得不够好了。

根据我们在前面了解到的情况，也许你平时还需要加强毅力。你也知道学习的重要性，也知道该如何学习，但有时候就是控制不了自己——这个时候，就不仅需要锻炼你的思维能力，更重要的是锻炼你的意志力、锻炼你的自我控制能力。少年正在做"梦"的年龄，这可能是一段美好的经历；但是，有些梦可能不切实际——例如，指望没有持久、深入的学习就能掌握知识。实际上，无论哪一门学科，都需要自己用心体会；而没有足够多、足够难度的练习，这种用心永远不会很深入。

另外，如果你能早日学会用坚强的毅力抑制住自己不利于学习的念头，坚持形成良好的学习习惯，并刻苦磨练自己的智慧，你就会早日成熟起来——成为自己的主人、学习的主人，而不是被大人逼着学。①

显然，站在班级发展的整体视野来看，上面案例中对学生个体的关注和引导，是以他所在的班级、特别是同伴的发展为参照的。由此，我们还可以尝试广泛调查（可以采用观察、问卷调查、访谈、学生作品分析等方法）学生的喜好、需求，并在此过程中引领学生自觉辨析发展现状、思考未来的发展方向。站在班主任的角度来看，这也是调查学生需要，倾听学生心声的过程，它能更充分地体现出班主任工作中的"学生立场"和"儿童立场"，从而为后续的班级发展提供一个清晰的出发点。下面这个案例，就体现了一个班级的尝试。

基于问卷调查辨析班级发展方向②

我们在刚接触一个实验班时，没有轻易地运用一份通用的问卷或标准的心理测量工具来施以前测，而是与学生接触了一个学期（其中每个星期有一整天与该班学生一起听课、活动、交流），然后再根据已经了解到的情况设计了一份调查问

---

① 本案例源自李伟胜博士于2002年参与某实验班研究过程的真实经历。
② 根据李伟胜：《班级管理》，华东师范大学出版社，2010年，第72—73页相关内容改写，题目为本书作者另加。

卷,专门用来了解该班学生的更多情况。

与此同时,我们将调查了解到的信息和通过观察、交谈和分析学生作业、询问教师等途径了解到的情况结合起来。这样,不仅可让老师更深入理解学生情况,而且也便于引导学生主动反思发展现状、探寻新的发展方向。

下面是这份问卷中的部分内容。

2. 你参加的小队活动,在活动之前有没有制定计划?

A. 每次都制定计划　　　　　　B. 大多数活动都制订计划

C. 少数活动制订计划　　　　　D. 从来不制定计划

……

5. 在班队活动中,你做过哪些事?

A. 演节目　　　　　　　　　　B. 参与小组讨论

C. 参与班级讨论　　　　　　　D. 主持班队会

6. 在你们小组办关于"交友"的板报时,你做了哪些事?

A. 没有参加　　　　　　　　　B. 提供了一些稿件(格言、故事等)

C. 提供了彩笔等材料　　　　　D. 参加板报版面的设计

7. 如果还有机会,你觉得你们小组可以从哪些方面把板报办得更好?(至少写两条建议)

……

通过进一步的分析,我们可以得出一个结论:该班学生能广泛参与小组和班级活动,这是一个可以利用的良好条件。

从学生对第2题、第5题、第6题的回答来看,他们的小组活动有一定程度的计划性,并且大多数学生能全面地参与小组和班级活动。对于以后开展进一步的活动来说,这是一个良好的基础。

以后还需要了解(本次调查没有涉及到):不同学生在小组、班级活动中的具体感受。正如我们反复强调的，学生实际获得的教育经验才是最重要、最需要关注的。因此，不能仅仅满足于开展了几次活动，而应关注学生在活动中的实际体验。

从学生对第7题的回答看，他们对板报内容、形式等方面有更多建议。这也反映出：随着他们在类似活动中积累经验，他们的欣赏品位、工作水平都有进一步提高的基础了。此外，有5人提到要提高每一个小组成员参与的质量，这包括：人人参与，并且每人都必须想办法或提意见；排版时最好每个人都设计一份，随后选出最好的；同学之间多交流，听取别人意见。这说明，他们的感受也在积累，同时也得到反思、提炼，也需要不断引导和提升。

如果从纯学术性的严格规范来讲，上述问卷的设计并不完全合乎教育测量学或教育研究方法的要求。但是，就从这个实验班开展的班级管理研究的方面来说，我们通过这份问卷调查（与其他方法、途径结合）还是获得了足够的信息。通过跟学生的进一步交流，我们和学生一起看到，这个班级在个体、群体和集体等层面表现出一些新发展需要：a. 自我形象正在形成，亟待走出平庸乃至卑微的状态，展现青春气息。b. 相互交往内容丰富，需要深入内心，提升生活品位。c. 集体生活呼唤民主，期待互相欣赏，共创精神家园。这些也昭示着他们当前最关键的发展方向。

沿着上述探索路径，一些班主任引导学生自我调研、主动讨论，共同辨析新的发展方向，这也能让我们看到"培育自觉"可以带来的新希望。

调查成长需要，确定主题班会①

周小燕

在李伟老师的指导和提示下，我改变了以往一直把班会课当思想教育课，当纪律整顿课，当课外活动课，甚至可以用来在学生作业较多时当自习课用的观念，重新认识到班会课应是在全面了解班级情况，认真分析班级现状及学生成长需要，针对学生在不断发展过程中出现的急需解决的实际困难，做合理深入的分析，

---

① 本案例是本书作者李伟博士曾经指导的一节初中班会课，执教教师为湖北省武汉市光谷第二初级中学的周小燕。班会相关内容请参阅周小燕：《摁下幸福按钮》，《班主任之友》2009(8)。

对学生进行普遍而深远的人格、人性教育,以利于全体学生完整人格的塑造。

在李老师的建议下,我还让同学们就班会课主题的选定展开了调查,并整理成下表:

"班会课主题"学生讨论意见统计表

学生建议的"班会课主题"	频率(人)
偶像崇拜	1
学习态度	1
寻找理想	1
中学生价值观	1
中学生与不良诱惑	1
怎样处理好男女同学之间的关系	1
如何解决中学生的偏科问题	1
代沟	1
怎样品味幸福	1
正确对待流行风	1
运动、健康	1
怎样培养感受爱的能力	1
如何解决青春期的逆反现象	1
如何处理师生关系	2
竞争、合作	2
如何与父母沟通	2
中学生的理想教育	2
中学生的团结意识	2
怎样学会感恩	3
同学之间如何相处	3
身边的幸福	4
网络的利弊	5

从学生讨论可以看出,大家呈现出来的困惑具有青春期的普遍性,主要集中在

"处理人际关系,学会感恩,感受幸福"这几大块,综合以上分析,我初步将主题定在"幸福"范畴,自拟了"我们是幸福的"这一主题,将教案作了如下的修订、定型:

主题: 　　　幸福按钮 　　　——"幸福在我心"系列活动之一		学科:班会	班级:八(1)班	
活动目标	1.唤醒学生生活中忽视的幸福感受;2.引导学生多角度品味幸福;3.培养学生创造幸福的能力			
活动准备	1.学生收集童年成长和班级活动的相片做成展板和PPT;2.学生准备2到3张写给别人的幸福小纸条;3.制作多媒体课件			
时间	活动环节	教师活动	学生活动	活动意图
10—12 (分钟)	幸福时光	1. 导语 2. 出示主题 3. 引导学生谈感想	1. 小组以展板的形式交流童年相片 2. 用PPT交流班级生活 3. 谈观后感	通过情景展示,引导学生回忆美好时光,激发幸福情感,导入主题
15—18 (分钟)	幸福小纸条	1. 引入活动 2. 观察小组状况,抓住几类典型 3. 组织互动	1. 离开座位,传递小纸条 2. 小组分享小纸条 3. 班级分享小纸条	通过小纸条传递幸福,营造幸福氛围,获得幸福体验
15—20 (分钟)	幸福窍门	1. 以典型的幸福小纸条为引子引出幸福窍门的探讨 2. 组织学生开展活动 3. 引导学生谈对幸福的理解	1. 小品表演 2. 诗歌朗诵 3. 谈谈对幸福的理解	聚焦幸福,提升学生对幸福的理解
3(分钟)	教师小结			

通过实践研究,我们发现:在引领学生自主反思现状、辨析发展需要和新的发展方向时,特别要注意以下两点。(1)学生所报告的"需要"不一定都能引导他们走向发展,即学生报告的需要在教育的视角看来不一定都是真正的"成长需要"。如果忽视这一点,过分迷信调查法,就会把"愿望、需要"和"发展需要"混淆。例如,三年级的学生会告诉老师,不喜欢卫生岗位,喜欢能够管人的岗位;一年级的学生告诉老师,

喜欢体育课,最好多上体育课少上语文数学课……这样的需要当然不能都遂愿。因此,教师对于学生在调查中报告和呈现的需求不能无条件地完全满足,要学会根据社会发展、个体发展、班级发展的健康理想和实际情况进行甄别、选择、重组等。(2)我们可以通过调查、访谈分析学生的心理状态和需要情况,但又不能停留在调查访谈层面。随着年级上升,学生的内心会更加隐秘丰富,成长中的问题也会变得更加隐蔽。因此,这就更需要教育者观察个体外在行为表现的变化,借助历史背景去透视个体的成长历程,将个体的过去经历与当下状态结合起来,搜集个体各方面的资料来综合分析。只有拓宽了分析思路,聚焦分析视线,才可能深入透视个体真正的成长需要。

2. 透过问题自主选择发展目标

一种现象或问题如果在学生中比较普遍,这也许说明孩子正以这种方式暗示着对成长的召唤。教师要把学生普遍出现的现象视为内心状态的外化,是其需要的吐露。比如,我们常看到一些小学一年级的学生在刚进校园时喜欢满学校的"疯跑",由此也会带来很多意外的伤害事件和纠纷。如果不注意琢磨这个阶段孩子的内心状态和成长需要,就往往会用"问题学生"给孩子们打上标签,或者只是仅仅用严格的规范训练强行压制学生。如果关注他们的成长需要的话,我们就会看到他们实际上是需要身体的活动,就会看到他们的探究好奇和兴奋。再比如,四年级普遍出现学生的"小团体"等现象或问题,这其实反映了学生产生了层次或类型的倾向,开始在进行个体的自我选择和定位;预备班学生会普遍出现"嫉妒"倾向或问题,这很可能是因为学生步入初中,进入新环境,特别希望得到认可,但他们不好意思像小学低年级学生那样直接邀功求赞赏,所以别人好他就嫉妒。下面这个案例,能够更具体地呈现出学生面临的发展"问题"和其中蕴含的教育空间。

为什么抱怨班干部现象都在三年级?[①]

在一次活动中,我们召开学生座谈会了解他们对集体的感受和看法。绝大部

---

① 摘自李晓文:《青少年发展研究与学校文化生态建设》,教育科学出版社,2010年,第139—153页。题目为本书作者另加。

分学生反映很好,但是有些班级的学生在座谈会上的反映明显与大多数班级不同,他们强烈表示了对本班小干部管理作风的不满。

开始,研究者以为是这几个班的班级建设问题较大,班主任对班干部教育明显存在问题。后来在整理会谈资料时,发现抱怨班干部现象的班级全部是三年级。

这引起了研究者的注意,如果某个阶段普遍出现学生告干部状的现象,就不能简单归为班级工作的问题了,应该是学生成长状态的一种状态表现。也许,它反映了三年级学生普遍具有较强的自我表现欲望和参与班级管理的欲望,普遍希望能够有机会出头露面,赢得同学们的瞩目和老师的欣赏。

后来学生的各种有关表现也证明了这一推断。实际上,座谈会反映的问题,一方面是因为三年级学生自我表现和参与的需求强烈,另一方面也因为三年级小干部初涉班级管理工作,能力比较弱,处理问题不大妥当。

这类事例都表明:透过"问题",我们可以更清楚地认识到学生的真实需求。在此基础上,可以进一步引导学生主动思考其中呈现的发展需要、选择新的发展目标。据此,可以从学生的"问题"状态出发设计班队活动,并以活动作为改变"问题"状态的手段,从而让建设"民主型班级"的行动通过具体的"切入点"来展开,操作性强、见效明显。

首先,聚焦一些典型的发展问题,包括学生身上表现出来的普遍性问题,从中判断出学生的成长需要,从而开展学校德育、班级管理工作,这应该是我们培育学生自觉主动发展的意识与能力的良好契机。在像这样聚焦"问题"、把握学生发展需要时,也要特别注意以下两点:(1)在解读学生的问题状态和发展需要时,要超越"就事论事"或"疲于应付"的工作方式。有些班主任往往受传统自上而下的德育思路的影响,缺乏儿童立场和学生立场,从而习惯于根据理想标准对学生作刻板化的评价,进行"套路化"的教育。比如,班级纪律松散了,班主任就进行"自控教育";学生出现喜欢专挑别人毛病的问题,就开展"严以律己,宽以待人"班会教育;学生如果出现"只顾自己结伴交往,关心弱势同学的积极性下降",就认为他们是"自私倾向抬头",班主任的对策就是进行"爱心教育";学生的岗位工作没有做好,就开展"螺丝钉精神"的教育……如此这般,班主任就会停留在"就问题论问题"的表层,而无法洞悉学生真正的成长需要。(2)随着学生年级的上升,他们成长过程中的问题会逐减变得隐含曲折,不能简单地根据经验和抽象道理来推断,而需要经过一段时间的观察和综合分析,从而判断学生问题背后真正的成长需要。

其次,在理解学生发展需要的同时,要引导学生体会与教师、同学交往的感受,形成积极意向,进而选择新的发展目标。在"民主型班级"中,每一位学生都不应是孤立的个体,尽管我们的出发点是考虑具体学生个体的发展状态。我们应该把每一名学生的成长与整个班集体的成长结合起来,让个体与集体成为互相滋养的精神生命体。在解决学生个体提出的发展问题的过程中,可以着眼于班级整体的发展,有针对性地组织一些学生结成学习小组,以达到互相帮助、共同提高的效果。在组建这些学习小组时,我们不是简单地按照教室中的座位来分配,而是根据学生的特点,征求学生本人的意见,尤其是做通一些成绩优秀的学生的工作,让他们和成绩暂时落后者结成小团队。同时,希望他们邀请一位或几位教师作指导员,在必要的时候向他们请教。

例如,有一位男生,曾让我们特别忧虑,因为无论是学业成绩还是个人心理,无论是在校表现还是在家庭中的地位,都让人感到:尽管他表面上对许多事情很豁达,一副大大咧咧的样子,但他内心非常自卑,几乎要放弃一切希望。后来,在我们有意识地创造的机会之中,在教师和班干部的主动邀请下,他积极参与班级工作,并表现出很大的热情和较强的能力。此时,在组建学习小组时,我们既希望让一些优秀学生多给他帮助,又不愿意让他感到自己被特别照顾,因为他既自卑,但又表现得很有自尊心,很要面子。于是,我们安排两位与他一样非常喜欢打篮球的班干部,以这一共同爱好为基础,结成了小团队(当时没有在全班公布)。后来,他们不仅在学校有更多接触,而且在课外,甚至在各自家里都有很多共同活动,有时还动员家里的老奶奶给予关心。最后,这名学生感到:自己如果有不懂的问题竟然还想蒙混过关,简直太对不住这两位好兄弟了。他主动地重新看书、整理知识,及时向同学和老师请教。结果,取得了很大进步。

经过一段时间的尝试,许多学习小组都取得了进展。于是,在同学们的提议下,专门准备了一次班会,交流这些小组共同进步的经验和每一位同学的感受。同时,还邀请了一些作出贡献的家长和一些曾经对孩子很失望的家长,让他们也谈谈自己对这些同学近来表现的看法。这次班会的气氛和效果,让人非常感动,因为它让所有的人都真切地感受到了集体的力量。其中,让人感到高兴的是:通过和同学们、老师们的交往,许多学生认清了自己的发展状态,形成了更强烈的发展动力。更让人欣慰的是:那些学习困难的学生的学习动力得到了多方面的激发(如受到好朋友之间的"义气"的激发),不再简单地把落后的局面归因于外在因素,而是着力于挖掘自身的发展潜力。可以说,这样的心态,能够让他们在人生的道路上永不言败。

3. 满怀希望主动规划班级活动

上面所说的是就已经呈现出来的"问题"来引导学生主动辨析和选择发展目标,这可以被看作一种"聚焦问题法"。相比之下,更值得探索的是关注并开发新的发展"潜能"。这需要教师更为积极主动地把握学生发展需要,留心、判断、预设、谋划"潜能"发展的"苗头"或"势头",并据此顺势而为,引导学生主动策划和开展班级活动(可以延伸到校园内的更多文化活动)。这就可以真正把学生的潜能化为现实的能力或能量,从而提升学生的成长需要。这就是说,它更多的是一种"事先"主动进取的方法,研究的是教育活动"希望出现的可能"。——我们可以把这看作引领学生发展的一种"发展性建构"方法。我们可以通过下面这个案例看到运用这种方法的具体过程。

破解"三年级容易'乱'"之谜①

在长期的研究和实践中,我们发现三年级往往是学校各个年级里面最容易乱的年级,这说明三年级"乱"的背后确实蕴藏着学生的成长需要。但是对三年级"为什么容易乱"这个问题的思考和破解,却是一个长期和曲折的过程。

(1)"聚焦问题法"的局限

最开始,我们是从聚焦"问题"的角度来思考三年级"为什么容易乱"这一难题的。我们分析这是因为相比一、二年级,三年级有了较强的独立要求使然:一年级学生进入小学接受学校的规范;二年级学生适应和内化了学校规范,并根据规范要求自己获得好评;三年级学生则不愿意再拘泥于学校规范,希望表现自己的要

---

① 参阅李晓文:《潜能发展观——形成于"新基础教育"改革实践的渐悟渐构》,载叶澜主编:《基因:"生命·实践"教育学论丛》(第三辑),广西师范大学出版社,2009年,第177页;李晓文:《青少年发展研究与学校文化生态建设》,教育科学出版社,2010年,第139—153页。题目为本书作者另加。

求和选择。

基于这样的分析,既然学生的成长问题是"容易乱",那么我们就针对如何解决这一问题,以"能放能收快乐成长"为主题开展系列班队会活动,让学生在活动中自己参与建立班级规范、自己监督规范执行情况。班会如期开了,学生也是很认真地讨论了,但是教育效果不明显,学生没有感觉。

这引发了研究者和班主任们共同的困惑和反思。

(2)"发展性建构法"的明显效果

解决问题的最初启发还是来自智慧的一线班主任的观察和思考。华坪小学优秀班主任陆敏老师仔细观察了三年级学生的日常具体表现,发现学生会做很多"傻事":例如宁愿花费很多时间去等大家都在排队等待的事情,也不去处理其他可以先做的事情;为了不让打扫得干干净净的教室地面被踩出脚印,宁愿把门锁起来不让其他人进,也不去想更好的办法;而其他想进教室的学生宁可费尽心力地破窗而入,也不去设法和同学协商等等。

于是,陆敏老师想:"作为班主任,要引导他们从他律走向自律,就要给他们创造一种能力的支持。"而且,"自律的教育不能抹杀掉孩子的活力,既要能自律,又有活力,使得班级呈现一种有规则的活跃"。那么,怎么才能找到一个合适的切入点呢?陆敏老师通过调查研究,发现平时父母表扬孩子最多的就是夸孩子聪明,因而班级的学生都很喜欢被人夸奖聪明,而且班里的学生还常常在私底下"比一比谁聪明"。所以,她决定以"让我们更聪明"为主题开展班队系列活动,让学生发现聪明的真正表现:会自我管理是聪明的,会解决困难是聪明的,对他人宽容的人是聪明的……并积极去做一个真正聪明的孩子。

相比"能放能收快乐成长"主题班会的不太成功,"让我们更聪明"为主题开展班队系列活动效果很好。不但三年级容易出现的乱的问题得到了很大的改善,班级学生通过系列班会活动的引导,呈现了喜人的发展势头。

通过上述案例,我们可以知道成长需要的解读要以学生成长中的具体表现和内在需要为依据。对成长需要的解读,不能只停留在通过对问题的推断之上,而只有以学生成长过程中的具体表现为依据,才能达到对学生成长状态的真切认识。例如,看到三年级学生容易"乱"这样一个成长中的"问题",我们可以推断出"三年级学生的独立需求强了"这种发展需要。但是学生的独立需求强了,为什么会变现为"麻烦多、纪律差"呢?仅仅依靠"聚焦问题法",是不能充分地解释这个困惑的。陆敏老师对学生日常行动的观察和后来"让我们更聪明"主题班会的成功,让我们顿悟到:三年级学生其实有着非常强烈的自我表现的需要,但是他们自己不会筹划、不会想办法处理冲突、解决问题。他们需要帮助的是解决问题的"能力",而不是让他们明白一个类似"能放能收"的抽象"道理"。"成长中人的内在需要正是建构自身发展的根基"。如果活动设计没有以他们的"内在需要"作为基础,也就没有办法将其"内化",也就不能够成为他们自己的需要,从而也就无法打动他们。这才是真正的问题症结所在!

在上面这个案例中,就三年级学生的表现看三年级学生的内在需要(或成长需要),至少有两方面:其一是自我提升的意向,希望自己变得独立自主、希望自己显得聪明能干;其二是得到帮助的欲望。只不过这些愿望和意向模模糊糊地潜在于心,尚未得到具体的指向。"聚焦问题法"的不足就在于只强调了教育要求或教育者的期待(即学生应该从"乱"到"不乱",学会遵守规范和自我管理等),但忽视了学生内在的需要(即学生想自我表现但又需要具体筹划能力的培养),从而脱离了学生发展的主体性基础,最后难免停留在口号层面提出单向的说教和牵引。学生是处于成长中的人,因此他的内在需要往往与他们的幼稚行为、偏颇的认识、表达自己需要的不成熟能力混在一起,从而以"问题"状态呈现出来。"聚焦问题法"仅仅只看到"问题"的层次,还是远远不够的。相比之下,"发展性建构法"则引导学生在理解自身发展需要的同时,看到新的希望、新的努力方向、新的发展目标,进而将其化为对新的班级活动的策划与实施过程中,通过自己的切实努力来一步一步实现新的发展目标。

进一步来看,"发展性建构法"还可以逐步应用到班级生活的更多领域,包括日常管理领域。例如,班干部竞选轮换等举措不仅是一项班级民主管理的程序,也不仅是调动学生参与班级事务积极性的手段,而且还是让学生获得教育、形成班级教育氛围的好机会。在我们的实验班中,我们在发动学生并征求学生意见的基础上,让打算竞选班干部岗位的学生先对班级状况进行分析,并提出自己开展班级工作的思路。结果,有11名学生把自己的《竞选纲领》写好,并张贴在教室里供大家评点。试看其中一份《竞选纲领》的部分内容。

一、班级现状分析

目前，我们这个实验班确实有许多进步，但还不能说是完全名副其实。许多同学一直不很努力，不认真对待学习结果，班级学习氛围也还不够好。让我们好好分析一下具体原因，那便要回顾一下历史。两年前，当时我们只读六年级，大家一知道自己在实验班，便感到无比自豪、无比幸运，大家是那样地高兴。但是没有人曾这样想过，"事情并非如此简单，既然是在实验班，我们就要比别人多一项任务，那便是参与实验且完成实验。"任务虽说是艰难了一点，但如果完成了实验，是光荣的。实验一开头，大家还是很认真，很努力，这是因为大家当时是信心百倍，怀着坚定的信念。但后来，"狐狸尾巴"便显形了……大家任务不明确，就这样糊涂地过去了。我是和大家共同度过了3年的学习生活，一切的一切，我都看得很清清楚楚，我班存在这些问题：

大家没有明确学习为了谁，为了什么，作为实验班的一员应该怎么做？……

今年，我们已经是八年级了，这一年是关键的一年，是冲刺的准备，我信心十足。我们要开发自己的潜能，力求上进才对，四十八个人一条心，携手共进。

二、如何开展工作

我会努力认真担负起本人的职务，本人希望，能确确实实为班级做事，发挥出应有的作用。本人爱好体育、劳动，希望能分配到与爱好相应的职务，让我发挥特长……

……

显然，除了这11位同学外，所有的其他同学也在参与班级情况分析、班级发展思路的构想，因为每个人都要对这11份竞选纲领发表看法、提出改进建议。这样，班级里的每一名学生都尝试着将个人发展和班级整体发展结合起来考虑，并对民主管理班级、共同营造好的成长氛围发表意见、相互交流。当然，我们不能指望每一名竞选者都像政治家一样聪明和能干。但是，我们相信，每一人都为班级发展和个人发展主动思考、主动策划，这样的班级肯定会有更多成长气息。

以学生的真实生活内容为基础,组织这类班级活动,重要的不在于最后的讨论结果是否完善(因为具体结果是否合适要根据具体对象、场合来判断),而在于学生有平等的机会、有足够的能力表达自己对班级生活的疑问和看法、参与制订班级生活规则,从而有可能反思、重建、提高自己的生活品质。

这样,每一位学生就不是一个固定棋盘上扮演固定角色的棋子,而是复杂的班级生活场景中可以主动发挥作用的主体。在自由而民主地讨论相关内容时,学生的真实思想得到展现,其中精彩的意见可以相互启发,糊涂的或者错误的看法可以暴露出他们生活中的缺陷,激发大家作更深入、系统的思考。在这些过程中,学生个体和群体就能不断敞现自己的内心世界、敞开对班级生活的看法,学会明智地辨析个人与群体发展的目标和路径。于是,他们逐步形成更为成熟的自主意识,这就为他们主动而有效地参与班级生活奠定了坚实的基础。

从开阔的视野来看,发展性建构既可以有全校范围的互动,也可以班级范围的活动。比如以科技节为载体,以学习科学知识、进行科技创造为内容、以游戏、艺术创作和环境文化建设为活动形式,以形成各级学生组织为活动组织的全校大型活动。又比如以欢度元旦为载体,以创编节日活动为内容,以灯谜游戏和歌舞为活动形式,以形成小组为活动组织的班队主题活动。这些发展性建构活动的形式多样,丰富有趣、蕴含着多重的教育目的:如学生个体能力的开发,学科知识的渗透性运用,学生创造性和德性的培育;学生群体组织的建构,班级小干部的培养和锻炼,学生之间的合作与交流;个体与人类精神世界的对接,丰富生动的班级日常文化和学校日常文化生活的建设等。研究和实践表明,学生和老师都很喜欢这样的发展性建构活动,他们都能在这样的活动里获得精神的享受和人格的发展。

总之,以专业的班级管理思想为指导,系统、深入地研究了学生的成长需要,就能更好地理解学生的发展现状与发展目标。在此前提下,我们更有可能汇聚多方面的专业认识,整合多种形式的班级管理活动,将努力方向聚焦于培育学生的自主意识、增强其主动发展的能力

(三) 以"交往共生"为教育方式

"人类的教育活动起源于交往,在一定意义上,教育是人类一种特殊的交往

活动。"①相比于学科教学,班级管理中的人际交往可以产生的教育价值更为直接、更为丰富。学科教育是以学科为主要载体,通过开发学科的教育价值而养成学生的学科素养;班级管理则是以班级的日常生活与交往为主要载体,通过班级文化、班级组织制度建设、不同类型的班级群体活动,促进个体社会性的成熟和个性的充分发展。可以说,在班级管理中,生生交往、师生交往以及学生通过班级与社会的交往就是教育活动的主体部分,也是学生亲自投入的生命实践的核心领域。

因此,有必要把"交往共生"作为班级管理中的教育方式。我们可以从如下方面尝试。

1. 在相互欣赏中追求积极上进

班主任常常需要面对一些具有个性化的问题。此时,许多人的建议是用更充分的爱心、耐心来面对每一个独特的学生个体。相比之下,我们应该更多地考虑将每一个个体纳入到班级的群体交往之中,让他们在相互理解、相互欣赏的过程中看到新的希望、开发新的教育资源,共同追求积极上进。这样的选择,是有科学依据的,因为建立良好的班级人际交往和伙伴关系是问题学生发生转变的一条途径。② 我们可以从下面的案例中看到这种尝试带来的积极效果。

学生 I 在小组中的进步③

学生 I 曾经是班级中比较落后的学生,常与同学发生吵闹和争斗,纪律也比较差。有一段时间他发生了比较明显的进步。研究者 L 通过和学生 I 交谈,发现他变化的一个主要背景是班主任给他换了小组,并且座位周围的同学都是班级里面比较好的同学。下面是研究的访谈记录。

L:你现在做起来觉得哪些有困难?

I:(很快地反应)不和同学吵架。因为我有时候也有些克制不住。

I:现在我们 4 人小组都是很好的同学,他们都来帮我,我觉得很开心。我觉得我在他们的帮助下有进步了。

---

① 叶澜主编:《新编教育学教程》,上海:华东师范大学出版社,1991 年,第 31 页。
② 李晓文:《学生自我发展之心理学探究》,北京:教育科学出版社,2001 年,第 162 页。
③ 题目为本书作者所加。案例摘自李晓文:《学生自我发展之心理学探究》,第 123—124 页。

L:小组同学平时跟你友好吗?

I:友好的。有一次我们家没人,韩××(注:I的同桌)就叫我到他家做作业。有次,我不小心踩他一脚,我说对不起,韩××说没关系。

L:你觉得他这个人怎么样?

I:很好。

L:好在哪里?

I:愿意帮助人。

L:把你分过去和他们一组,你高兴吗?

I:高兴,因为沈××是我们班里最好的一个同学。(注:沈××也是I所在小组的一员)

L:你现在喜欢在小朋友面前表现出什么样子来?

I:就是我最好的样子。

L:什么是最好的样子?

I:就是让大家高兴的样子。比如说上课守纪律。

从研究访谈可以看到,同伴之间的交往和关系的改变是学生I进步的关键。这种交往和变化有两方面的重要特点:第一,学生I在交往中感受到了小组同学的友谊。班主任特意将学生I安排到充满友好氛围的小组交往环境中,同学们都能很友好地对待他,不与他斤斤计较,遇到困难时也能够热心地帮助他。这使得学生I内心感动,也对他原来斤斤计较的人际交往风格形成了冲击,从而使得他多了一种视角来看待他人、看待自我。第二,由于小组里有一名出色的学生,学生I能够与出色的同学结伴交往而高兴。上述两个方面的因素结合,使得学生I为自己成为小组一员而快乐,由此小组就对他的发展具有了推动力。为了让交往中的小组同伴高兴,他也愿意努力改正缺点,使自己进步。

学生Y意想不到的变化[①]

学生Y长得特别神气漂亮,常常受到成人的称赞,无形中形成了不良的个性

---

① 题目为本书作者所加。案例摘自李晓文:《学生自我发展之心理学探究》,第124页。

特征。比如,表现得与周围的同学格格不入,对于学习没有什么热情,老师也批评不得,娇骄二气特别严重。

　　没想到学生 Y 在最近一段时间内发生了明显的进步。特别是在一次春游中,班主任看到他默默地蹲在草地边,拣着游客乱扔的垃圾,甚至用双手捧起散落在地上的面包渣。这种举动在之前是不可能出现他身上,所以班主任感到特别意外和感动,夸奖了他。没想到学生 Y 非常认真地对班主任说:"我看到蒋××在这么做,我是跟她学的。"(蒋××是这个班级里很受同学欢迎的学生)

　　班主任分析 Y 的进步与这段时间进行的班级集体活动有关。在某次班级活动中,Y 所在的小组以他为主准备了一项科学小实验,他干得很出色,并且代表小组向全班作介绍,受到老师和同学的赞扬。当学生在同伴群体里有一种融入感,特别是感到自己是群体中不差的一员时,会努力地向群体中的好学生看齐,这时的伙伴关系中的上进形象对学生会产生促进发展的引力作用。也正是从班级各种交往活动中感受到了自己的长处和在同学眼中的良好形象,Y 变得开始主动以好学生的标准来要求自己了。

　　2. 在深入交流中感受多元角色

　　班级管理中之所以强调"交往共生"的教育方式,一个重要的效果就是为学生提供反思自己的多重视角、多个机会。我们在班级生活中,可以尝试主动设计一系列活动,让学生在积极向上的精神状态中,审视自己在班级事务、学习、家庭中所发挥的作用,明白自己的主动努力所起的关键作用。在下面的两个案例中,学生在多元交往、深入交流中获得更为多元的角色体验,就可以给我们带来更为具体的启发。

大手拉小手①

　　在"新基础教育"实验中,为了促进学生更丰富的自我体验和班级交流,在中高年级和低年级之间特别策划了一个"大手拉小手"的系列活动。

　　例如,在每学年第一个学期初,实验学校会组织中高年级学生与刚进入一年

---

① 李家成、王晓丽、李晓文:《"新基础教育"学生发展与教育指导纲要》,广西师范大学出版社,2009 年,第340 页。

级的学生结成互相帮助的对子,开展"大手拉小手"的"认识新校园"主题活动。四年级的学生带着一年级的学生一起认识新校园、熟悉学校的日常规范、教基本的学习准备技能等等。

常州市第二实验小学则针对当前学生没有时间游戏、不会游戏、缺少健康游戏的现状,建构了以"玩"为主题的"大手拉小手"游戏系列活动。

时 间	游戏名称	备 注
九月份	跳皮筋、丢沙包	请高年级学生结合童谣传唱教一年级小朋友游戏。
十月份	跳绳	结合冬锻周训练教低年级孩子学跳绳、跳长绳等。
十一月份	游戏汇总	新游戏展示交流。
十二月份	呼啦圈游戏	利用体育室的原有器材进行多种多样的游戏活动,由中高年级综合实践活动课进行设计,体验游戏创新的乐趣。

高年级学生在活动结束时,感慨地说:

——在与一年级小朋友玩耍的过程中,我觉得自己很快乐,仿佛自己也回到了一年级,乐趣无穷。同时,和他们一起玩的时候,我也发现了自己的不足,真是帮助了别人,也提高了自己。

——这次活动让我理解了"给予是快乐"的真正含义。我发现其实一年级小朋友是需要朋友的,我们作为大哥哥、大姐姐应该给予他们更多的关心和帮助。

——我觉得自己与一年级同学拉近了距离,我觉得自己尽到了身为小主人的责任,能给他们带去帮助,我感到很快乐。

——在给一年级小朋友设计游戏的过程中,既提高了自己的想象力,也提高了自己的创造力,最重要的是使一年级小朋友的课间活动更加丰富,付出总有回报。

——关注弱小不是几天的时间,应该是"永久";我们能够用自己的双手去丰富他们的童年生活,实现手拉手共成长的愿望!

类似"大手拉小手"这样的主题活动为学生创造了多层次的交往体验,培养学生的关心意识,纠正他们的自我中心偏向,让不同年级和班级的学生都获得了双向发展。

班级管理中的"交往共生"既要立足于本班级的需要也不要限于本班级的范围,而应该善于在不同班级、年级、学科、甚至是学校之间建立人际交往的交叉体验,从而提供更多丰富自我、发展自我的教育契机。下面的班主任工作坊的实例则充分表明了不同班级、不同年级之间的交往共生、角色交叉体验丰富了学生自我的价值。

班主任工作坊带来的师生变化①

　　基于班主任专业发展的困境与需要,以及"工作坊"模式在班主任专业发展中具备的优势,华中科技大学李伟博士及研究团队将工作坊的独有精神和文化,与当代班主任专业发展理论与实践进行融合,并自2010年起分别在湖北省武汉市一所普通高中、一所普通初中和一所重点小学建立起了"班主任工作坊",进行了基于"工作坊"的当代班主任专业发展模式的理论与实践探索。

　　"班主任工作坊"是由教育研究者与中小学一线教育者组成的以闲暇文化、游戏精神和情感能量激发为核心底蕴,以"轻松、丰富、快乐、有意义"为发展宗旨,具有自然性、活泼性、情感性、团队性、场境实在性的教师小团队式学习型组织和专业成长平台。它在借鉴传统的班会听课研讨、师生交流、读书交流、教育教学反思、主题讨论、理论学习等方法基础之上,充分吸收中国传统山川游学教化思想以及教育话剧表演、音乐欣赏、美术表达、舞蹈体验、游戏参与、制作、非连续性体验②、信息化生存、幸福晚餐会、年度嘉年华等元素,使得教师在轻松、多元、半开放性结构中发展、生长,孕育与启发班主任教师"生命自觉"③,以其"生命自觉"促

---

① 相关内容请参阅李伟、鲁帅:《"静悄悄的变化"——"班主任工作坊"成效的实证研究》,《2012年"班级管理与班主任专业成长"国际研讨会论文集》;鲁帅:《工作坊:班主任专业发展的新路径——基于"七色彩虹"、"漫步者"班主任工作坊的案例研究》,华中科技大学2012年硕士学位论文;《架起师生幸福生活的虹桥——武汉市吴家山四中"七色彩虹"班主任工作坊成长日志》(第二辑)第164—165页,华中科技大学教科院、武汉市吴家山第四中学联合编制内部材料。
② "非连续性体验"是存在主义术语。德国哲学家博尔诺夫在其基础上提出著名的"非连续性教育"思想,即连续生活进程中突然出现的、重大的经验遭遇(如与某件艺术品、著作或某个人的遭遇)、危机(如疾病、婚姻危机)或召唤,使得人们"必须改变自己的生活"。具体参阅O·F·博尔诺夫:《教育人类学》,李其龙等译,上海:华东师范大学出版社,1999年。
③ "生命自觉"是人类生命的本体特征,在教育和教育学的视野里主要表现为个体对生命自身的自我了解、自我领悟、自我把握与自觉实践。具体参阅李伟:《教育的根本使命:培育个体"生命自觉"》,高等教育研究,2012,(4)。

发、引动学生的"生命自觉",从而改变师生的学校生存状态。

近3年的班主任工作坊实践研究表明,工作坊为同一班级之间、不同班级之间、不同年级之间的师生建立了轻松、丰富、多元、持续的交往契机和体验,促进了师生的相互理解,丰富了师生之间的角色体验,改善了班级内外的文化生态,启发了师生的生命觉醒。

如高二学生对参加班主任工作坊活动有不一样的感受:

——感觉与老师更接近了,对老师的畏惧之心减少;看到老师很不一样的一面,感觉很真实。

——可以认识很多新的同学和老师,眼界更开阔。

——"寻找幸福的支点"让我们说出了很多心里话,也能够聆听他人的心声,我们对亲人朋友有了更多的理解。

——参加这样的交流之后,感觉看问题的角度更多,很受启发,而且思想上有了支撑,开朗乐观了很多。

——通过参加工作坊的活动,感觉自己对大人的心灵世界有了一些认识,解开了心中的一些郁结,学习生活心情好多了。

——工作坊的老师表情很丰富,喜欢这样的老师,很可爱。

——工作坊的布置很温馨,和教室区别十分大,这样的环境让紧张的情绪放松了很多。

高二学生对参加工作坊的班主任老师也有不一样的感受:

——老师不再只是以学习来评价班上的同学,而是十分注重个性发展,培养特长,很善于发现每个学生的闪光点。

——感觉老师的点子特别多,应对问题的方法和策略也变多了。

——老师比过去民主,但也不失原则。

——过去和老师交流机会很少,现在老师十分注意观察学生的状态,能够及时和班上遇到困惑的同学沟通并开导,我们遇到问题也敢于主动和老师交流了。

——现在班主任在抓学习的同时,也会给我们一些放松的实践,开展的活动特别多,学生有更多机会展现自己。

——管理班级有很多策略,非常重视培养班干部,敢于放权,班会课经常让学生自己组织,很多同学的能力得到了锻炼。

于是,我们可以看到:班级管理中的"交往共生"可以从学生个体和班级整体两个角度来理解。一方面,从学生个体角度看,学生高品质的自我必须在与班级的互动交往中形成。学生只有通过与其他人的互动交往,才能逐渐形成丰富、富有弹性和成熟的自我,形成对社会的初步体验与日渐成熟的认识。另一方面,从班级整体角度看,班级的凝聚力和个性必须在个体充分互动交往的基础上形成。只有通过个体与个体、个体与群体的多维度、多层次、多类型、多方向的互动交往,才能真正形成有深度情感联系、个性生命力和凝聚力的班级,否则只是一群"乌合之众"而已。

在此基础上,他们就有可能更深刻的体验和领悟:在家庭生活中他们是子女或兄妹;在经济生活中他们是消费者、讨价还价者、潜在的生产者;在社会生活中,他们是小区或乡村的正式成员;在政治生活中,他们是有权利和义务的公民;在文化生活中,他们是文化的享用者、贡献者、创造者;在自我的精神生活中,他们是自我对话者;在感情生活中,他们是情感丰富的男人或女人,未来的丈夫或妻子,今后的父亲或母亲……

3. 在相互支持中实现共同发展

要从他人那里获得启发、丰富人生,一个重要的途径就是学会欣赏他人,与他人结成互相关心、相互玉成的联系。这样一种生命相通的联系固然是在平凡的日子中结成的,但要使它彰显出来,被尚未成年的孩子们更充分地感悟到,可能还需要教育者用心发现、精心策划,以使他们能在典型的活动中、在关键的时刻里,更深刻地体验,让平凡的生命感受得到升华。

例如,在筹备十四岁生日仪式的过程中,班主任已经动员每一位学生的家长为孩子的十四岁生日仪式专门写一封信,而且要求学生在仪式上当场拆看。许多学生看着看着都流下了感动的泪水,因为这样一个具有特别意义的时刻、这样一个具有烘托作用的场景、这样一个相互袒露心迹的气氛,使他们深切地感受到了父母博大的恩情,由此也激发出作为正在成长的少年对父母的一份责任。

除了上述这类典型活动、关键时刻之外,更多的工作是在平时日常事务的处理之中创造类似的氛围,包括长时间的积累、酝酿。

例如,在刚承担一个初中班级的班主任工作之后,一位教师经过调查发现:这个班的学生已经习惯了我行我素,心中缺乏纪律观念,不服班干部尤其是纪律委员的约束,担任纪律委员是最容易跟同学发生冲突的。于是,她有了如下策划,让学生体验不同的角色,学会相互理解、相互支持,产生了良好的效果。

　　与其让一些循规蹈矩的同学当纪律委员去提醒、约束一些爱吵闹的同学,不如让这些对班干部极其反感、总是与班干部作对的同学担任纪律委员,让他们对班干部工作有亲身体验,增强自我约束力。如果他们做得不好,我也可以从培养班干部工作能力的角度出发对他们进行教育,这样他们在思想感情上也容易接受。于是,没有经过民主投票,我就对班委进行了调整任命,让两个最调皮的同学担任纪律委员。不久,我发现新上任的这两个纪律委员工作态度不太好,工作方法简单粗暴,引起许多同学的不满,于是我就找机会和他们交流,表扬他们愿为班级做贡献的心意,同时指出要想获得同学们的支持和认可,必须首先以身作则,努力克服自身的不足,并且要明确班干部的宗旨是为大家服务,而不是训斥、责骂同学。

　　一段时间后,我又在全班组织学生民主投票选举班干部。虽然那两个同学因为支持率低,没能继续担任纪律委员,但那一段"管"班的经历还是让他们有所触动。所以,重新成为群众同学后,他们无论是在课堂上还是在自习、晚修时都能较好地克制自己,不再破坏纪律,而是认真听讲,从而在学习上有所进步。①

更需关注的是,在民主的设计班级工作岗位、让学生竞争上岗并履行职责的过程中,学生们可以亲身经历班级管理工作中的成功和失败。如果班主任能及时开展批评与自我批评、表扬与自我肯定相结合的民主生活会,让学生交流工作的苦与乐,就可以进一步升华岗位的教育价值,让学生在相互理解和支持的过程中共同发展到更高境界。例如,通过"诉说岗位苦",让大家细听班干部的工作汇报,疏导其心理和思想困惑,评价班干部的工作能力和工作效率,可促进班干部互相改进工作方法。在"笑谈岗位乐"时,让学生交流值岗时的收获、乐趣,体验岗位职责的价值和履行职责带来的成

---

① 郭倩:《回顾跟初三(1)班一起走过的日子》,"新基础教育"推广性、发展性研究第七次会议(海南·2003年1月)交流材料。

就感。如,"图书管理员"神采飞扬地说:"通过管理同学们的借书、还书、整理书籍工作,为同学们服务,我认识到很多书很有意义,积累了很多课外知识,原来不怎么爱看书,值岗后我觉得看书可以丰富我的视野和知识面,也认识到这个工作很有意义,锻炼了我耐心的工作态度。"同学们听着这些岗位工作心得体验,从中也得到了启发,得到了鼓舞,受到了教育,也增强了上进心和自信心。他们互相促进,互相吸收经验,共同创造了浓浓的集体氛围,共同经历着快乐的成长过程①。

4. 在真诚合作中升华成长体验

在"民主型班级"中,可以充分利用多样化的交往合作机会,让学生共同参与各种班级事务,尤其是班级活动的主动策划、实施与反思、改进。

在所有这些过程中,同学们之间真诚的合作,会让他们获得真切的成长体验。这些成长体验,又可以成为进一步发展的资源,从中升华出更为丰富的教育意义。

许多班级往往忽视了这方面的深层次开发,往往满足于活动程序的完成、总结报告的撰写。实际上,让学生在经历诸多交往合作之后,及时反思、总结已有的活动成效,并在此基础上进一步策划后续发展,可以让他们形成更为清晰的自我意识、更大的动力、更强的自主发展能力。相比于"听别人讲别人的故事"、"回忆自己的成长故事"等尝试,这里对班级活动的主动参与、有效反思、新的策划,就是"主动创造有自主尊严的成长故事",欣赏自己与同伴在主动成长中表现出的人性光辉,包括对民主意识、合作精神、责任感的体验与欣赏。在这样的成长经历中生成的教育经验,更为合理、有效。我们可以从学生所写的文章中读到这些。

把握生命里的每一分钟

上午第一节课,我班以"努力·成功·快乐"为题开展了主题班会。作为班会的"小智囊团"之一的我当然深有感触。班会由三大板块形成。第一板块是我和张同学共同努力准备的"美好的回忆",第二板块是"个人秀"和父辈们的成功之路,第三板块是让我们难以忘怀的朋友桑同学(《我崇拜的妈妈》),全班共同唱出

---

① 林晓斌、高玉华:《落实"岗位"的育人价值》,载于杨小微、李家成主编:《"新基础教育"发展性研究专题论文·案例集(上)——学校管理·班级建设》,北京:中国轻工业出版社,2004 年,第 223—224 页。

《真心英雄》。

作为参加者和背后人物,有成功,也有失败的地方。比如忘了台词,在第一板块最后的尾声,由于一时的兴奋和紧张忘了台词,听老师说要临场发挥,想结束了,哪知同伴不知变通硬要我说完。总之,还算比较顺利。第二部分同学们谈到了自己的成功经历,偶尔想想,成功真好,一次的成功会让人信心加倍。当讲到自己从小走过的路,我觉得历经沧桑也是一种成功;沧桑之中留下皱纹,那么人生更加有趣。坐在教室中让同学们接受我,还会像"无泪的天使"。听沈同学说:"失败乃成功之母。"偶尔开怀大笑,笑走了压力。听曹同学的父亲讲述自己的经历后,听吴同学诉说着父母的成功之路背后的艰辛。我的童年,是那么的渺小,犹如遥远星辰中的一颗星星!

听桑同学自述在日本的学习情况和母亲的成功经历,我知道了成功背后的努力和艰辛。有时我并不认为成功了一定会快乐,不过,至少班会那天我知道:只有努力才会成功,经过努力而成功以后才会快乐。

正如《真心英雄》中的一段:把握生命里的每一分钟,全力以赴我们心中的梦,不经历风雨怎么见彩虹,没有人能随随便便成功。我只有努力才能见到彩虹,未来的路还很长,我要在风雨过后,体会有幸福伴随在我身边,让自己活得更好,这样的快乐,才是真正的快乐!

有了这样的成长感受,有了更为阳光的心理状态和更为丰富的活动经验,我们可以预期:他们会在今后迈出更加豪迈的步伐,奔向更为开阔的舞台。让我们自豪地注视着他们走向光辉明天的矫健步伐吧,因为,他们身上凝聚了我们充满尊严的专业智慧!

行文至此,我们对班级管理的基本策略进行了较为详细的阐述和分析。在班级管理方法系统中,班级管理的"基本策略"比"教育思路"更具体、便于操作。不过,相比班级管理的"谋划性方法层——主要措施"、"技术性方法层——操作技法","基本策略"则更加富有教育思想和全局指导性。它们超越具体的班级事务管理,但又渗透其间,具有更广泛的适用性。同时,从班级管理的"基本策略"的自身看,三个策略也构成了一个系列。它们之间有一种程序上前后相继、在内容上逐步推进、在要求上逐层提升的内在联系。

二、班级管理的主要措施[①]

在本书主张的由基本策略、主要措施和操作技法组成的班级管理方法系统中，"主要措施"是介于基本策略和操作技法之间的中间层面的方法，它体现的是在基本策略指引之下对班级管理工作进行整体谋划的工作思路或线索，因此它也可以被称为班级管理方法系统的"谋划性方法层"。这里所说的主要措施（main tactics）是针对班级工作中三个主要方面（管理体制、活动机制、文化生活）开展工作的、整合各种具体技法的举措。

对这三个方面各自的内涵及其相互关系，可作如下理解：班级管理体制，是班内各种岗位（包括管理类岗位和服务类岗位）及其职责相互联系而成的班级生活规范系统。它体现为一个班级的组织结构特征，主要影响班级成员在班集体生活中的角色和发挥作用的途径。班级活动机制，是班级活动的各个因素之间相互作用的方式。它主要表现为班级活动的策划、实施与信息反馈及改进等流程不断推进的方式。班级文化生活，是班级学生个体与群体共同参与形成并认同的价值观和相应的行为方式、活动过程及其成果的总和。它全面呈现着班级成员和班级整体的精神状态。

与上述三个方面相应的三条措施，在"策略"之下，将班级教育思想具体落实到日常工作之中。在它们之下，才是各种"技法"，即处理各种具体班级事务时所采用的方法。我们希望，这些技法能够被直接整合于这里所说的三方面措施之中，以反映建设新型班级的整体思想，而不是只满足于技法的纯熟和班级管理的局部效果。

掌握了策略和措施，教师就可以更清楚地把握班级教育思想，从而更自由地选择、运用和创造各种技法。而这些思想、策略、措施和技法，就有可能凝聚成一种专业智慧，使一个班主任在一个班级中成就伟大的教育事业。

---

① 本部分的内容基本上根据李伟胜：《班级管理》，上海：华东师范大学出版社，2010 年，第 84—112 页内容提炼、编写而成。

（一）建设民主合用的管理体制

民主合用的管理体制包含着这样的内涵：一方面，从班级管理的整体要求来看，教师应建立科学合理的班规和组织架构，以保障班级各项事务正常、有序、高效的运行；另一方面，从学生的生命成长需要来看，教师应意识到班级作为学生精神生命生长的重要基地，对学生个人潜能激发、社会品性形成的重要意义。为此，应让每一位班级成员都有机会主动参与班级事务，并以此为基础共同形成班级生活规范，并在自主理解的前提下接受合理的制度，自下而上地生成活泼而又有序的班级生活。

1. 民主地建立组织结构

作为一种教育性组织，班级需要有合理的组织结构。其中，首先要考虑建立正式的组织机构。一般来说，班级组织结构的基本模式有直线型、职能型、直线职能型等几种情形。（1）直线型结构模式表现为"班主任——班长——组长——学生个体"，是一种自上而下的直线管理模式。它的特点是：权力集中，便于规范管理，有助于提高管理效率。（2）职能型结构采用按职能实行分工管理的方式，其表现为"班主任——班长——各位职能管理者（如委员、文艺委员、生活委员、体育委员、劳动委员……）——组长——学生个体"，其特点是各职能管理者能帮助班主任和班长分担班级管理工作，同时有利于班干部发挥工作积极性。（3）直线职能型结构是在班主任领导下，把班级管理者分为两类：班委会、团支部，然后各自再区分出不同的职能管理者。

与此同时，还应照顾到对非正式群体的关注。具体来说，就是结合个体学生特点和潜力，有针对性地设立、创造多样化岗位，尽量使得每一位班级成员都拥有参与班级管理的权利，获得自我成长的机会。

（1）民主设立班级岗位

民主设立岗位，是为了服务于学生的成长需要。一个得力的班干部队伍和其他岗位负责人，不应被视为教师控制学生的助手，而应被看做主动处理班级事务的责任人。班干部的职责除了维持班级日常秩序之外，还应根据学校教育要求和班级生活实际不断提出班级发展的新目标和新计划，激发每一位班级成员的活力，形成整个班级的凝聚力。其他岗位责任人也不应仅仅是对"上"（教师）负责，其主要职责应是为班级生活服务、对全体同学负责，也可以说是对"下"负责。为此，教师应该淡化控制意识，增强为学生主动发展提供服务的意识，通过民主推选班干部和其他岗位责任人等方式，激发每一名学生的主人翁意识和责任感,培养学生自主管理的能力。

(2) 合理轮换班级岗位负责人

班级岗位可以大致分为两大类:管理类岗位和服务类岗位。无论哪一类,都可以定期轮换负责人,以增强学生的民主意识和参与意识。

有一个班级,自六年级到八年级,学生已经习惯于常规教育中的班干部"终身制"或由教师操纵的部分干部的调整,习惯于对班干部角色的传统解释——协助班主任管理班级,为同学们做好具体的事务;班干部的主要职责就是维持班集体的正常存在、常规运行,落实老师布置的任务。他们较少思考班委会工作岗位对于每个同学所具有的教育价值(体验不同角色、不同职责等)。在被问及这方面的问题时,只有一名学生提出:"我希望自己每一项工作都可以做一回,体验一下每项工作的艰难,也当一回干部。"[1]到了初二年级上学期,参加班级建设研究的教师决定民主改选班干部。在征求学生们意见的基础上,首先匿名张贴竞选纲领,然后就竞选纲领选出三位同学参加最后竞选。就在最后唱票的时候,其他同学分组对三位竞选者,尤其是即将选出的新任班委会主席提出希望和建议。鉴于唱票结果逐渐明朗,同时提出的希望也就更有针对性了。其中一组提出的意见是:

我们这一小组觉得,新班委会的成立,对我们这个班级来说 is very important。所以,作为我们——这个班级的一员,对于这个新班委也提出一点希望。

(1) 实行 W 主席所提出的"管理网",各中队委员在其中要发挥作用。

(2) 对于另外两位同学的施政纲领中好的要求也要借鉴。

(3) 希望 W 主席今后能取长补短,发挥主席的作用。

W 同学,你这次当选班长是同学们对你的信任。劝告你不要做"言语上的巨人,行动上的矮子"。你要知道,"水可托船,也可覆船"的道理。

L 同学,虽然你这次落选了,但是你的这种参与精神很值得我们学习。

我们将 12 个组的建议整理如下,并提供给新一届班委会。

---

① 若未特别注明,反映学生的思考的原话都来自学生问卷或学生作品中的表述。下同。

我们对新班委的期望

（1）班级组织纪律方面

①完善班级制度；②民主管理班级事务。

（2）班级活动方面

①开展有意义的活动；②在活动中形成班级的团结精神。

（3）班干部素质要求

①责任感；②耐心；③以身作则；④威信。

（4）学习生活方面的要求

①为班级营造一个好的学习氛围；②班干部带头努力学习。

（5）对参与竞选的同学的看法

①竞选成功者要借鉴其他人的施政纲领；②落选者的参与精神值得学习；③虽这次没有竞选成功，但还应为班级多作贡献。①

这些建议说明，当学生真正获得了参与班级事务的机会，他们就会尽可能充分地调动自己的智慧，这既锻炼了每名学生参与班级事务的能力，也为每名学生敞现出更多、更长远的发展机会。如果继续倡导此类班干部轮换制，并且充分挖掘班级事务中可以提供丰富角色体验的"岗位"，尽可能多地照顾到每一个学生的发展情况，就可以在多种角色体验中为学生敞现更广阔的发展空间，让班级的每一个角落都充满成长的气息。

2. 开发岗位的教育价值

在设立岗位的过程中，通过民主的班级氛围组织学生讨论对相应岗位的要求，在此过程中，每一个班级成员会将他们对班级（乃至社会）、对他人和对自己的认识综合起来，从不同的角度提出自己的意见。

我们可以根据班级生活需要，从多个方面为学生提供参与班级管理的机会。

（1）丰富班级管理角色。可以主动地充分挖掘各种事务的教育潜能，设立多样化的岗位。有研究者梳理了五种班级岗位。a. 学习类：包括各学科课代表、学习小组长、领读员等。b. 知识类：气象记录员、导读小先生、信息发布员、小报童等。c. 活动类：主

---

① 上述资料是李伟胜博士在参与一个初中班级的"新基础教育"研究时获得的。

持人、活动策划、联络员等。d. 服务类:黑板报编辑(美容师)、图书管理员、仪表检查员、桌椅小排长、门窗管理员(小卫士)、餐厅服务生等。e. 行为规范类:护眼使者、节能小哨兵、护绿小天使、午餐管理员等[①]。

(2) 更新岗位建设的过程。例如,在"新基础教育"中,班级岗位建设的过程就包括"岗位设置→岗位竞聘→岗位锻炼→岗位评价→岗位轮换"[②]。相比之下,以往较多地关注的是"岗位设置"和"岗位选择"两个环节,而现在则根据学生成长需要而丰富了环节,也深化了其内涵。

(3) 形成班级管理角色的动态分配制度。合理设置岗位之后,还可以根据学生年龄特点和班级发展状况进行调整。例如,一年级时,学生年龄小、能力弱,各岗位分工明确、易于操作。二年级时,随着学习能力的提高,他们已不满足于完成低层面的岗位任务,渴望更高层次的挑战,此时就可以适当挑战,包括增设一些有难度的岗位(如十分钟队会主持人、《知识小百科园地》布置员等)。[③]

多样化的、动态分配的岗位,可以让更多学生有机会参与班级事务的管理。同时,在这些岗位上获得的多种角色体验,有助于学生从不同方面发现自己的优势、潜能和不足,使他们在班级生活中逐渐形成更为合理的人格特征。

3. 生成合用的规章制度

合理的班规是一个班级有序运行和健康发展的重要保证,也是对学生行为予以规范的重要依据。建设民主型班级,在班规的制定上,应本着从学生中来,到学生中去的原则,符合学生的实际需求。每一个学生都是活生生的、不断发展的个体,所以没有哪一个班规是放之四海而皆准的,要解决自己班级的问题,只有通过让学生去发现自己身上的问题,并提出解决的方法措施,这样得到的措施形成的班规,才能真正解决班级的实际问题。

一个初二班级在首次改选班干部之后的两个月中,班级面貌出现了一些改观,多门学科的成绩也有了明显上升。同时,也因为缺乏经验和足够的教育,出现了一些问

---

① 参阅袁文娟:《"新基础教育"班级岗位建设的实践与探索(上)》,《班主任》(小学版)2008(10)。

② 同上

③ 华英:《从"还"做起》,载于顾文兰、俞溪心主编:《回眸——"新基础教育"实践与研究自评报告集》(上海市闵行区浦江第一小学·内部资料),2002 年。

题。同学们逐渐反思,并就以后的班干部改选制度提出了许多新的设想。例如:

(1) 让更多的人参加竞选。让更多同学进入最后的选举,不仅能让竞争"更激烈、更刺激",也能让同学们有更多的选择余地,而不会因为只有三个人而难以选择。

(2) 不仅看重竞争者的学习成绩,更要看重他们的管理能力。"组阁制推陈出新是好事,但如何做好又是另一回事。"他们提出,"不要戴着有色眼镜",不但要看学习,还要看能力。在新班委会成立前,每个成员根据自己竞争的职位谈工作目标和设想。每位当选者对全班作出承诺,以便日后监督。还有学生提出,可采用"先施政,再授职"的竞选办法;或者在选定2—3位候选人之后,让他们把自己的班级管理计划模拟地开展一下,再让同学们选出心目中合适的人选,以防止"光说不做"。

(3) 追求公平和民主。在竞选程序上,有学生提出"班主任不参与",以及"只要有1/3同学不同意,就落选"。

此外,还有同学建议:给予竞选者充足的准备时间(大约一个月);组阁后一个月由同学投票表决这些内阁成员到底符不符合标准;写出心目中班长的特点并整理成表,给参加竞选的同学打"√",谁得的"√"多就当选。①

尽管这些反思和建议尚欠深入、系统,但是,这正是学生个体实质性地参与班级制度建设、参与班级管理的重要基础。随着反思机会的增多、思想更具独立性、深刻性和系统性,学生就有可能不再停留于人云亦云、随声附和,不再安于听任别人的安排,而是对自己以及自己所属的团体生活主动提出设想并付诸实施。这样,学生就不是被动地接受教师自上而下地颁布的现成规章制度,而是参与形成或理解必要的班级制度,利用它们保证自己的主动发展和群体的共同发展,通过创造共在共生的班集体而融入群体生活、社会生活。

---

① 摘自李伟胜在上海市 J 校一个初中班级首次改选班干部两个月之后进行的问卷调查。

（二）创设主动参与的活动机制

活动是人作为主体与他人和外界事物进行相互作用的过程。不过,相当多的教育活动往往是从学生个体的角度设想活动目的、对象、手段和结果,而这些设想又较多地注重达成教育者为儿童预定的活动目标、注重完成自上而下规定的各种事务性的任务,因而仍具有相当程度的封闭性。相比之下,为了让学生在"成事"的同时"成人",将学生个体组织起来、根据学生实际生活内容和发展需要而动态地组织的班级活动,则较少受到关注。

教师应充分挖掘这些活动的教育价值,形成主动参与的活动机制,那么,学生就有可能在为班级生活主动贡献个人智慧的同时,逐渐形成对集体的归属感,并使每一位学生的生活能与班级集体生活一起不断拓展内容、提升意义。

1. 开发真实的活动内容

应该看到,生活本身是具有生成性的,因此,不可能指望下一代人完全复制、重复上一代人的文化生活。一方面,学生生活必然有许多反映时代特征的因素,学生的思想和行为必然会受到当代各种观念和意识形态的影响;另一方面,学生生活中还会出现富有年龄特征的内容,包括许多"亚文化"现象,这也需要教师予以关注并合理引导。

> 有一位高中班主任,不满足于沿袭多年的法制教育方式。她看到,以往的思路是:请民警担任"法制副校长",宣讲法律、强调必须遵守,分析违法事例,说明违法造成危害,参观监狱或少管所……这类做法,主要是从成人的视角理解法制,往往老师的感触比学生大。究其根底,可以看到这更类似于"威胁",让学生因为"害怕"、"不敢"而不违法。
>
> 在创建"民主型班级"的尝试中,同行提出问题惊醒了她——"你清楚你的学生在想什么吗? 你清楚他们的感受和体会吗?"她感慨:"是啊,就法这个东西我和学生平时真的很少交流体会。现在,我发动班干部去和同学交流,自己也利用课余时间和他们交流,发现不同的学生体会是有差异的,甚至是完全相反的,并且他们还有很多的想法——而这正是班级管理中最宝贵的教育资源!"
>
> 于是,在新的相关班会中,她和学生又重新定了思路——"同学,请大胆说出你对法的体会和感受"。结合现实生活中的真实事例,让学生的思想在交流中碰

撞，在碰撞中讨论，在讨论中成长。她发现：学生对法律还是很有想法的。全班同学至少达成了两个共识：其一，集体中如果有人犯罪，好像自己也是罪人；其二，无论犯罪是否直接针对自己，每一个人都直接或间接受到伤害。

在交流中还会出现一些碰撞点，这就是下一节主题班会课的讨论热点，让法制教育形成一个系列，而系列的内容来自学生的需要，而不是来自老师认为他们需要的东西。例如，在这次班会中，在讨论"当你知道违法犯罪将要发生或正在发生时，你怎么办"这一问题时，出现了最大的争论。学生分成两派：一派主张"不要管"，因为说出去自己可能会受到报复，或者有出卖别人的嫌疑；另一派主张"坚决要管，伸张正义"。于是，就有必要通过第二节班会课来继续探讨。[①]

可以看到，只有关注学生的真实生活内容，教育才有可能体现出更高的专业智慧。实际上，立足于此的教育其实很简单——"四两拨千斤"。学生迸发出"千斤"之力，教师用充满专业智慧的"四两"进行点拨，使之激发出学生更为强大的动力、形成更为成熟的能力。

2. 形成主动的活动方式

（1）在工作取向上，从"战胜学生"转向"引领学生"

在关注学生真实生活内容的基础上，引领学生学会主动开展班级活动这可以体现为如下几个方面。

① 拓展生活视野。逐步学会全面了解活动内容，由此拓展其生活空间。这包括从学科学习拓展到更为广阔的文化生活空间，从个人生活拓展到群体生活、家庭生活、社会生活。需要注意：这里所说的学生生活内容，也包括将学校提出的活动安排和要求融入到学生的真实生活中（而不是一味地将学校要求作为命令或预定的学校生活标准）。应该让学生评价学校要求的合理性，理解合理的要求或者自己主动提出这些要求，并落实在班级活动的系统规划之中。

② 丰富意义联系。与外部世界和他人建立更丰富的意义联系，从中选择合理的

---

① 根据广东省佛山市"名班主任培养对象"研修班成员、佛山二中邓碧兰围绕一次主题班会《法的体会》所写的研修作品撰写。2009 年。

活动目标,不断提升发展需要,提高班级发展目标。

③ 深化成长体验。根据自己选择的目标主动筹划各种活动,在提出目标、设计方案、实施活动和反思活动效果等过程中获得深刻的体验,丰富对自己、对他人、对社会和世界的认识,由此学会开创未来生活。

更具体地看,每次班级活动的不同阶段又可以选择更有特色的引领方式。

在准备阶段,应充分调动每一名学生的积极性,让他们充分参与主题、目标和内容的选择,设计活动方案,合理分工。

在实施阶段,充分呈现学生提前准备好的各种内容,让他们在相互欣赏、交流和讨论中深化体验。

在一次活动完成之后,让学生从实施效果中反思该次活动的主题、内容、形式等方面的质量,总结活动经验、提出进一步的改进措施或新的活动设想。这样,每一次班队会就不再是为了应付学校检查而完成的一项行政性任务,而是服务于学生成长的教育性活动。

(2) 在活动格局中,开辟多层次的活动空间

在开发出丰富的教育资源的基础上,可以开辟多层次的活动空间,包括主题班队会、小组(小队)活动、每天的"十分钟队会"等,让每一位学生有机会在集体氛围中学会关注生活中的各种事物、辨析其中的生活道理、提炼生活感受,并共同创造更好的个人生活和集体生活。

其中,小队活动(小组活动),既可成为班队会等整体活动的一部分,也可根据各组同学的特长和兴趣独立选择活动目标和活动内容,自主开展活动。在一个开放的班级活动机制中,小组的这两类活动实际上可以相互转换,并不一定有绝对的界限,甚至可以让一些个体自发进行的兴趣活动成为生成全班生活内容的起点。例如,发现个别学生出于兴趣办的"电脑小报",就可以将其转化为小队活动、班级活动,让学生人人参与小报、关心小报,乃至主动关心班级动态、积极向小报信箱投稿。[1] 还可以让小队活动与班级主题活动相互转化。例如,在规划好班级主题活动内容的基础上,每个小队轮

---

[1] 陆黎华:《让学生成为班级的主人》,载于上海市闵行区中心小学:《闵小"新基础教育"研究与实践专辑(二):论文集》(内部资料),2002 年,第 22 页。

流主持一次主题活动,做到人人参与、富有个性。某班就这样举行了"二十年后再相会"、"金色的秋天"、"礼貌用语二十字"、"澳门大冲浪"等富有创意的活动,抒发对远大理想的憧憬,也培养了开拓创新精神。[1]

3. 培养全面的活动能力

要提高班级活动的教育价值,还需要培养学生全面的活动能力,让更多学生学会自主地开展各种形式的班级活动。这可有如下尝试。

(1)以发现学生特长、培养学生个体办事能力为基础,培养学生组织和主持活动的能力

在为学生提供各种岗位、并把许多班级活动的举办权还给学生的前提下,教师要留心发现和利用学生已有的各种才能,让具有不同特长的学生能够各尽其能为班级事务作贡献,感受自己被尊重、欣赏和自己做事成功的喜悦,学会互相欣赏、互相支持,合作完成各项任务。在此基础上,进一步提高要求,给学生提供组织和主持一些班级活动的机会,在利用自己的特长为同学们服务的同时也得到更多的锻炼。在此过程中,教师不能将组织和主持活动的权力简单地交给学生,任他们自发摸索,而应根据学生实际情况,有计划地予以指导,让学生逐步学会自主组织班级活动。

(2)逐步提供开放空间,培养学生策划班级活动的能力

这是更具有综合性的能力。它要求学生既充分了解学校教育相关方面的要求和总体安排,也从总体上把握同学们在相关领域里的生活状态和思想观念。在此基础上,提出尽可能明确的活动目标、系统组织活动内容、形成具体可行的活动计划,并能分工合作、付诸实施。为此,一方面要分阶段重点培养骨干力量,让这些学生成为带动其他学生的动力源,并通过岗位轮换等机制让更多学生获得锻炼;另一方面,要尊重每一名学生的参与权和参与热情,让他们参与策划班级活动,并在相互交流、鉴赏、评析的过程中相互学习。有一位教师为此专门进行了一次"金点子"主题队会[2]。

---

[1] 张蔚:《班级自主管理的探索性研究》,载于上海市闵行区江川路小学:《生命的涌动——江小"新基础教育"研究专集》(内部资料),2002年,第49页。

[2] 张英:《让每块"金子"都发光》,载于顾文兰、俞溪心主编:《回眸——"新基础教育"实践与研究自评报告集》(上海市闵行区浦江第一小学·内部资料),2002年。

会上让每一位学生开动脑筋为一学期的小队活动和十分钟队会活动出谋划策,每人设计不少于三个活动方案,然后交组内评议,选出二十个不同的活动方案。这些活动方案中包括了游戏类、益智类、科技类、公益类、体育类、文艺类等等,充分反映了同学们的智慧。这丰富了活动内容,使每次活动能有序地开展。同时因为是队员们自行设计的活动,符合他们的年龄特点,因而效果良好。一部分同学的活动方案还被评为金点子方案。

这类活动还可以在队会之前就布置下去,或者组织更充分的小组讨论,以便让学生更充分地辨析不同方案,吸取其中的精彩之处,共同创造更好的活动方案。此外,还可以逐步提高要求,让学生学会整体上考虑班级发展目标和个人发展目标,并将其体现在对班级生活的总体规划和各项班级活动的具体组织与实施上。

(三)营造开放舒心的班级文化

班级文化反映着学生的精神生活状态,反映着他们的生存方式。民主型班级的文化,需要在整体上呈现出催人上进的氛围、呈现出鲜活的生命气息,让学生的精神生命处于一种朝气蓬勃的发展状态,使他们在与同伴、老师的交往中不断丰富自己的生命内涵,逐步学会主动地反思和策划个人与班级的发展,并在参与创建民主型班级的过程中逐步实现和提升自己的生命价值。要创造这样的班级文化,可从如下方面努力。

1. 提炼鲜明的发展主题

在与教师互动的过程中,主动提出属于自己班级的鲜明的发展主题,是激活学生思想、激发学生主动策划自身发展的一条必选之路。在提炼符合学生实际需要的班级发展主题时,可以参照下面的程序,创造性地发动学生一起思考,共同参与,从而激发、凝聚并提升学生们的智慧,共同追求更高境界的发展。

(1)班委会提前准备、策划。在新学期开始之前,甚至在上一学期结束之时,就可以布置班委会成员分头思考、共同商议,对班级发展现状进行分析,对新的发展目标提出建议,并对发展主题作出初步思考。

(2)每位学生反思发展现状、展望发展前景。在新学期开始之时、包括在学生前来报到注册之时,就可以布置每一位学生通过周记等方式,思考班级发展情况,提出自己的看法。其中,可以特别安排小组长、表现积极的学生或最需关注的其他学生作更充分的准备,以便借此机会让他们激活思想、参与交流、获得更多教益。

（3）班主任和班委会共同研究。班主任可以组织班委会成员和其他学生一起研究每名学生的想法,包括辨析每一种想法的合理性、与班委会前期的思考进行比较,比较哪一种最能反映当前的班级发展需要。在此基础上,可以选择或重新创造出几种想法,供全班学生讨论、决定。

（4）小组讨论,全班交流。可以专门召开一次主题班会,将学生们思考的情况和初步选择的想法提交给各小组讨论,然后在全班交流,作出最后的选择。

（5）延伸思考,设计班级文化标识。在选择了发展主题之后,可以根据需要,组织学生选择或设计班歌、班徽、班旗、班标等,通过艺术化、形象化的方式表达新的发展理念。

2. 创造舒心的成长环境

（1）创设积极向上的班级环境,让各种资源都服务于学生发展

在班级环境布置方面,许多有思想的教师都用心地关注各种资源,以便"利用一切可以利用的条件来实施教育,甚至让每块墙壁都会说话"。例如,让学生献计献策、共同策划教室环境的布置内容和相关要求;举行教室设计比赛,发动每个学生设计布置方案;召开班委会,整理、修改、加工各种方案,并认真组织实施。[1] 只要把握了班级建设的关键思想、主要策略和思路,每一位教育工作者都可以创造出许多具体的办法。

（2）形成相互支持的人际关系,让学生们的心灵互相滋养

民主型班级需要从两方面营造相互支持的人际关系。

其一,在学生之间,互相欣赏,相互合作,在共同的活动中互相理解、互相帮助。良好的同学关系可以通过班级中的各种交往机会来培养。其中,尤其需要结合班级日常生活、结合学生生活中出现的一些事件,有意识地予以引导。例如,有一位同学要转学、有一位同学结交网友时遭遇到复杂的状况、某些学科换了任课教师……类似的事情,都可以成为组织专门的班级活动的契机。学生自主地精心策划的班级活动,可以

---

① 范向华等:《创设五彩斑斓的教室文化》,载于杨小微、李家成主编:《"新基础教育"发展性研究专题论文·案例集(上)——学校管理·班级建设》,北京:中国轻工业出版社,2004 年,第 213 页。

包括写文章、排演节目、讨论等方式，以敞现学生的真实想法，学会相互理解、欣赏，并在此过程中相互支持。

从建设班级文化的角度关注生生关系，当然也离不开正式的班级组织生活的改善。例如，可以就如何设立班级岗位、民主改选班干部和其他岗位负责人等问题，组织学生个人、小组、全班进行多层次、多方面的沟通。在形成更为合理的看法、程序和策划、组织相关活动的过程中，同学之间敞开心扉、真诚合作、共同创造的氛围，也就顺利地生成了。

其二，在师生之间，建立友好的交往关系。师生关系，当然可以通过教师参与生生交往、包括班级活动的过程来不断改进，实现师生之间的民主交往。此外，教师还可以有意识地发现一些机会，用以促成师生关系的改善。

在一所小学的"少先队代表会议"召开前夕，W同学提出一份提案（见下表）。教师首先拿起象征权威的红笔，毫不客气地在教师留言中写下回答，并将其张贴在墙报的"学习园地"中。

表 3 - 2　学生的提案和教师的回答

W同学的提案	教师的回答
① 为什么不能带玩具？ ② 为什么不能带零食？ ③ 为什么放学这么晚？ ④ 为什么不给我们踢足球？ ⑤ 为什么不能带卷笔刀？ ⑥ 为什么调课不通知我们？ ⑦ 为什么不能把遥控车带到学校里来？	① 会分散学习注意力。 ② 会把环境弄脏。 ③ 只有星期三下午有四节课，可能会晚点，其余几天都是较早放学的。 ④ 体育课有规定的训练项目。 ⑤ 携带不方便且易丢失。 ⑥ 临时调课比较匆忙。 ⑦ 不可以，这也是玩具！

经过一次研讨活动，这位教师改变了做法。下一次班会课前，她将这"七个为什么"抄写在大黑板上，在全班学生诧异的目光中，夹杂着几声窃窃私语，讨论开始了……全班大致分成了这样几派："学习派"以几个女生干部为主，她们一致拥护老师的立场：学生应该以学习为重，什么玩具、零食一概应在校园里绝迹。"玩耍派"以几个思维活跃、爱玩爱跳的男生为主，他们强烈要求踢足球，理由是中国队终于冲进了世界杯决赛圈，他们也要亲身享受足球带来的快乐。几个学习有困难的学生也几近充满勇

气地说:"老师留我们留得太晚啦!"经过进一步的讨论,同学们形成了更多思考。

讨论的结果出来了:玩具、零食、卷笔刀进入快乐作文课堂,玩一玩、吃一吃、用一用,然后化作生动的文字;学习有困难的同学,让更多的同伴催一催、帮一帮,尽量和其他同学同时回家;足球的教学权交给体育老师;调课、放学时间改动的建议交到学校校长室,作妥善处理。

"同学们,这样的结果你们满意吗?""满——意——!"倾听着那个调皮却充满欣喜的尾音,注视着那一张张尽开颜的笑脸,我终于领悟到学生真正要的是什么,活动的自由,思考的自由,人格发展的自由。[①]

3. 拓展广阔的生活空间

民主型班级所追求的发展空间,是开放的、辽阔的,其用意就在于让学生逐步学会掌握发展的主动权,积极创造属于自己的精神生活,提高生命质量。因此,在班级教育中,首先应该充分利用班级成员和群体自身的生活内容开展活动,以便有效地形成更好的班级文化。不过,在此基础上,还可以尝试拓展学生生活领域,带领学生主动拓展生活空间,让学生学会主动参与班级和社会生活建设,让学生学会在更广阔的生活中直接汲取主动发展的动力,形成主动发展的理想。这也就是在提高他们的精神生命质量。

有的班级通过研究性学习或班级主题活动,组织学生主动调查了解周围社区生活(如本社区的历史文化、环境污染和保护情况等),主动了解和整理新闻内容,这些都是拓展班级生活空间的好思路。其中,最为关键的就是在个体生活与这些更广阔的学校生活、社会生活之间建立有机联系,让他们感受到这些生活与自己的感受、行为有密切的关系。

当班级角色不能再满足部分学生发展需要的时候,就需有更多具有挑战性的

---

① 王英鹰:《七个为什么》,载于上海市闵行区塘湾中心小学:《"新基础教育"研究推广性实验·案例选编》(内部资料),2002年,第3—5页。

角色应运而生。在班中想方设法因人设岗的同时,我们还考虑到了设置高于班级层面的管理角色,这些角色必然就进入到了校园层面。

我们在大队委员选举之后,由这些大队委员担任各部门的部长,根据部门工作的需要,由部长组成招聘团开展了"红领巾人才招聘会",整个活动都建立在充分激发和尊重学生自我发展需要的基础上。在通过海报张贴、学校电视台宣传等大造声势,充分激发学生的内心渴望之后,又通过召开主题班会,让学生进一步了解招聘要求,掌握一定的应聘技能。

通过招聘,许多有能力的学生成为各职能部门的干事或储备人才,平均每班有 4—5 名学生进入到校级层面的管理者队伍中。对于那些成功应聘人数相对较多的班级来说,在今后的各项活动中就能比其他班更快更全面地掌握信息、领会意图、赢得机会,这就为班级的新一轮发展提供了机会。同时,这样一个群体的存在,也为营造形成一种主动追求个体发展的氛围提供了更大可能。

当然,所有部长和干事的岗位也不再是终身制的,干事的成长发展始终"威胁"着部长,只要干事的能力、表现、威信超越了部长,部长就要"让贤"。因此,同一部门的干事既是合作者,又是竞争者。这种动态的角色分配制度使管理角色进入到校园层面之后,学生间的关系依然能保持一种平等的状态。①

学生在更开阔的天地中看到的事物,他们主动形成的这些认识,都是宝贵的教育资源。教师如果善加利用,一方面可以让班主任真正从"教书匠"的传统形象中走出,另一方面可以用"四两拨千斤"的专业智慧激发学生发展到更高境界。此时,教育艺术就不再只是一种抽象的口号,而是真实的行为。

行文至此,我们对班级管理方法系统的"谋划性方法层——主要措施"进行了较为全面和深入的阐述与分析。作为与学校教学活动领域、学校管理领域并列的相对独立教育领域,班级管理的实践工作领域可以划分为班级管理体制建设、班级活动机制创

---

① 康旻:《为学生的再成长拓展空间》,载于杨小微、李家成主编:《"新基础教育"发展性研究专题论文·案例集(上)——学校管理·班级建设》,第 210 页。

设、班级文化营造三个方面。从某种意义上说,"民主合用的管理体制"是班级管理的"骨","主动参与的活动机制"是班级管理的"血","开放舒心的班级文化"的是班级管理的"魂"。从班级管理方法系统的视角看,通过"思想性方法层——基本策略"的全局指引,班级管理的"谋划性方法层——主要措施"就是要做到"骨""立起来","血""流起来","魂""明起来",这样才进入到班主任进行班级管理的智慧境界。

三、班级管理的常用技法①

在本书主张的由基本策略、主要措施和操作技法组成的班级管理方法系统中,"技法"是最为具体的方法,因为它直接面对具体的班级管理事务,解决各项具体的工作问题,因此也可以称为班级管理方法系统的"技术性方法层"。在具体介绍这些常用技法(common techniques)之前,我们有必要确立几项前提。

1. 技法本身具体而综合地体现着整体性的教育思想。如果我们确实理解班级管理内蕴的教育思想,并理解"技法"在班级管理方法系统中的定位,即它与教育思路、策略、措施的关系,那么,我们就能理解:尽管"技法"最具体地面对各种事项,但它也最具体地体现着班级教育思想。许多优秀班主任的经验表明,每一件事务的成功处理,每一条技法的有效运用,其实蕴涵着内在的教育之道,而非相互割裂、用于孤军奋战并凸显教师个人权威的"招数"或"兵法"。

2. 在梳理这些技法时,我们参照的是每一位班主任在一个学期中的具体工作流程。为了进一步超越平面罗列各种班级管理工作方法以至于班主任难以理清头绪的情形,我们在梳理班级管理的常用技法时,除了参照前述的方法系统之外,还从一位班主任接受一个班级之后所做工作的角度,纵向整理了班主任工作的基本流程,从而使前后相继的各种具体技法也有自身的系统性。

3. 从一学期的班级管理过程角度梳理技法,是因为"班级管理"应有不亚于"学科教学"的学术待遇。善于思考的读者可能会感悟到:在如此整理班级管理"技法"时,我

---

① 本部分的内容基本上根据李伟胜:《班级管理》,上海:华东师范大学出版社,2010 年,第 112—150 页内容提炼、编写而成。

们给予"班级管理"这一教育活动的关注,绝对不亚于学科教学所受的重视。这是因为,我们主张:以一个学期(乃至多年)为时间单位,以学生精神生活质量的逐步提升为教育主线,以学生的精神生活内容为教育内容,以各项具体事务和活动的处理为教育途径……这样长时间、大场面、复杂因素的整体策划所需的专业智慧,绝对不亚于任何学科一节课、一个单元、一个学期的教学所需的教学能力。

　　理解了这样的专业智慧,我们就能像强调"信息技术与学科教学整合"一样,关注"班级管理技法"与教育思想和方法系统的关系,而不满足于在具体事务上有一时之效的"绝招",无论它戴着什么时髦的"头衔"。否则,"教书匠"的气息日盛,而"教育家"之气度难显。在我们看来,只要我们用心去做这一份专业工作,班级管理工作(班主任工作)其实是最能彰显教育家之豪迈情怀、诗意人生的专业领域。

(一) 班级管理工作的策划

　　教育活动具有人为性,它离不开人的主动设计和实施。其中,班级管理若要充分实现其应有的教育价值,当然也离不开精心的策划。以班级教育思想和方法系统为背景,在具体策划班级管理时,我们可以采用如下技法,带领学生一起策划班级的整体发展。

　　1. 带领学生辨析发展主题

　　学科教学有明确的知识体系,可成为教师设计和实施教学活动时的参照系。相比之下,班级管理则少有可靠的参照系[①]。因此,班级教育活动更需要以学生自身的发展规律作为参照系。这就意味着,成功的班级管理的关键前提,就是对学生的研究;其中,可以充分发动学生自主辨析发展主题。

　　(1)学会倾听学生心声,引导学生学会理解自己的发展愿望。教师可以采用谈话、问卷调查、走访等方法了解学生的成长需求,引导孩子不断澄清并加强对自己的理解。下面一例,可作参考。

---

① 我国德育的低效性已成为一个公认的事实,而其原因之一就在于德育内容本身缺乏学理依据,常常受到许多外在因素的左右。因此,若仅仅机械地依据自上而下布置的德育任务来设计班级教育,实在是存在着明显的逻辑漏洞、冒着一定的风险——难以真正做到"为了学生的一切",尤其是切实地为学生的成长服务。参阅陈桂生:《也谈"了解一个真实的德育"》,《上海教育科研》,2002(11)。

我班的心愿树①

一个不声不响的女孩小陈,学习成绩差竟然给她带来巨大的压力;同学们选为班长的小张学习的确是数一数二的,但是她的工作能力却一般;小魏学习行规都还不错,就是心胸太狭窄,自己不能有一点点吃亏,在班级里没有好朋友……刚开学一周,这三个孩子的事一直牵动着我,班内肯定还有许多类似的事情,我该如何去关心他们,帮他们再前进一步呢?是否有一种切实有效的方法呢?

我打算将制定工作目标这类成人常用的方法引用到小学班级建设之中,让学生根据自我的长处与不足,自己制定出一个实在而并不空洞的发展目标。我希望通过这一举措,充分调动学生自我发展的潜能,然后通过自己的努力、老师及同学的帮助去实现这个小目标,这样的循序渐进学生会不知不觉地发展,他们会时刻体验到成功的喜悦。

为了适应学生的年龄特征,我想到了"心愿树":用一棵大树表示班集体,树上的 34 颗果实代表着班中 34 个学生自己的小目标,小目标达到了果实也成熟了。这种形式符合儿童的年龄特点,形象生动,学生也容易接受,积极性也会随之提高。就这样,"心愿树"就在这个班级扎根了。

在第一次让学生制定一个小目标时,学生的答案几乎千篇一律:"我要在这一学期里努力学习,争取语文××分,数学××分,英语××分"。我傻眼了,真没想到孩子们是如此注重自己的学习成绩。他们认为成绩可以代表一切。

于是,我又开始了进一步的探索。我利用班会课在学生中开展"照镜子"活动,让每个孩子来说说自己的优点及缺点。我还结合自己平时与学生的接触与了解,有的放矢地指导学生朝哪一方面去努力。这不仅仅局限于学习方面的小目标;只要学生觉得自己哪方面还做得不够,都可以作为小目标来制定。

第二次制定的小计划便比较合理了,一个个奋斗小目标呈现在我的面前,有学习方面的,有小岗位职责方面的,有行为习惯方面的。似乎是一颗颗即将升起的红星,即将照亮孩子们前进的道路。例如:小陈的第一个小目标是:每节课争取举 1—2 次手,每天的作业让老师面批;小张的小目标是:认真配合值日班长管好

---

① 摘自上海市闵行区花园学校张莉所写的案例《我班的心愿树》,2004 年。

十分钟队会(十分钟队会是学生自行组织活动的);小魏同学的小目标是:争取在这一个月里不和同学吵架。

显然,这位班主任所做的,就不仅仅是从教师角度对学生的一次性的静态了解,而是引导学生从自身发展的角度理解并敞现自己的发展愿望。为此,教师需要用足够的专业智慧点拨学生、引领学生,而不是提交一篇公文式的"学生情况分析"就了事。相比之下,通过其他方式所了解到的学生信息,都服务于学生的成长需要,而不是替代后者,甚至淹没后者。

(2) 利用策划主题班会的机会,组织学生辨析发展需要。根据创建"民主型班级"的需要,每一次的主题班会都应立足于学生的真实生活、满足学生真实的成长需要。为了确保这一点,可以利用确立主题、策划节目、撰写相关稿件(包括周记中的反思、演讲稿和相声、剧本、主持人串词)等机会,促使学生辨析相关内容的适切性,而不是编造出通用于所有年级、所有班级的平庸班会。如果班主任是一个真正的有心人,就完全可以利用这些机会激发学生们的自主意识,学会用心体会自己的发展状态、倾听内心的声音、展望独特的前景、作出有主见的判断与选择,而不是说着连自己都不相信的套话、空话。学生们就可利用每一次这样的班会,学会辨析自己的发展需要,掌握自己的发展主动权。

(3) 发动学生设计班级文化标识,澄清自身发展愿望。设计班徽、班歌、班旗等班级文化标识,已成为许多班级富有时代朝气的尝试。在这些尝试中,一方面,应该警惕浮躁地追求时髦的做法,将缺乏思考的文化符号粗制滥造地借用过来,或者用以表达肤浅的感受。另一方面,还应该警惕过于保守的做法,如一个班级制定一套文化标识就连续使用多年,没有根据学生成长需要来调整等。更值得作出的尝试做法是:利用这些机会,发动学生,甚至发动家长,共同思考班级现状、新的希望、同学们的心愿,并作适当的、有一定深度的交流和辨析,作出符合每一阶段发展特征的选择。实际上,这可以成为每一阶段激活学生思想、丰富班级文化内涵的有效手段。

2. 共同制订班级发展计划

本书特别强调发动学生与老师一起,共同制订班级发展计划。这是因为,我们关注学生的精神生命质量,而精神生命发展的主动权应该掌握在生命主体自己手中。作为班级最重要的主人,学生必须逐步学会策划自己个人和班级的生活,而不是只服从于外在的权威。作为班级教育的另一主体,教师也不能仅仅满足于自己拥有的专业权威;即使权威的教师充满无限的爱心,他也不能因为这种权威而剥夺孩子们的自主空间。

在这方面,可以让学生参与到分析班级现状、辨析发展思路、策划发展措施等活动之中。为此,可以让学生通过周记、小组讨论、班会等方式,充分发表意见,贡献智慧。即使学生最初的设想并不成熟,甚至显得很幼稚,但是,如果我们从"育人"的视角,而不仅仅着眼于"成事",学生的想法都可以被用作促进学生自我教育、相互激励的教育资源。他们共同参与、共享智慧、提升认识、提高策划能力的过程,会产生不亚于学科教学的教育效应。

(1)学期开始之时,思考班级发展主题。"万事开头难",其实,"开头"之时正是精心策划新阶段发展的大好时机。就班级发展来说,可以利用开学之时,发动学生为班级、为自己策划新学期、新学年的发展。这一策划,在前一学期结束之时就可布置;新任班主任则可利用开学前家访、预备周的时间,有重点地安排部分班干部提前思考。然后,利用学生报到的机会,向全班学生介绍已有的想法,鼓励每一个人或每一小组,利用开学前的几天时间,一起想主意。为了鼓励学生,有的班主任甚至还专门设立了"最佳创意奖",将颁发给那些确有好创意的学生或小组。最后,在开学第一天,大致就可以明确新学期(学年)的发展主题了。

(2)开学第一周,共同策划发展思路。在选择发展主题的同时,可以发动学生共同策划班级的发展思路。一些值得尝试的做法是:a. 发动学生个体或小组,为本班一学期的主题活动出两个"点子"。有的班主任通过周记的方式让学生写出自己的主意,然后在小组内交流,最后在班级中评比,选出"金点子"。b. 放手让班干部整合同学们的不同思路,写出班级计划的初稿。其中,对于班级现状的分析、发展目标的选择、发展措施的设计等,班干部团队也可以内部分工、精诚合作。c. 在学生思考的同时与之后,班主任主动介入,用自己的专业智慧予以指点,弥补不足、提升境界、整合思路。同时,班主任还可以主动征求其他科任教师的意见,以便汲取更多专业智慧,完善班级发展思路。其中,在制订班级发展目标时,应该兼顾理想状态与班级现实、长期目标与近期目标、抽象理念与具体表述等方面的关系。

（3）干部改选之时，策划班级改进思路。如前所说，民主改选班干部时，可以发动竞选者和其他同学反思班级现状，策划新的发展。有时候，学生自下而上地提出的改进思路，并不亚于班主任所想的。例如，一个实验班在改选班干部时，师生商议决定：先由感兴趣的同学写出自己对班级情况和班委会改选这件事的认识，形成《竞选纲领》，然后匿名编号张贴出来，让同学们在一周内评阅、讨论。这 10 份竞选纲领都针对班级现状中的某些情况提出了对策。其中，他们针对班级凝聚力不够、缺乏整体的蓬勃向上的朝气，提出开展一些针对性的活动。a. 多进行竞技型比赛，增强团队精神，如：篮球赛、歌咏大赛、新闻知识竞赛等。b. 丰富课余生活，使同学们没有时间去电脑房或追逐打闹，如开展"才艺大挑战"等文艺型班会、发展一批善于编写黑板报的同学。此外，可以事先将黑板报的主题公布出来，由同学投稿，并组织小组之间的比赛。[①]

3. 系统设计班级工作岗位

班级管理是一种具有独特品质的教育活动，而不仅仅是事务处理。相应地，被许多人认为繁琐的班级管理工作中的大量事务，其实不一定只是班主任一个人辛勤操劳的内容，也不一定只是部分班干部协助完成的琐事。在我们看来，这些事务其实可以被开发成教育学生的丰富资源，其中一个途径，就是组织学生全面梳理班级事务，系统开发班级工作岗位，让每个岗位成为教育学生的资源。

（1）梳理班级事务，因事设立岗位。例如，可以从角色性质的角度，设置技能型岗位、服务型岗位、管理型岗位。技能型岗位主要是根据学生特长、为班级生活开拓新的空间，如"围棋教练员"、"书画能手"、"小园丁"等角色；服务型岗位主要是根据班级活动需要来设立，如"车管员"、"礼仪值日生"、"学习园地管理员"等；管理型岗位既包括常规的管理岗位（如班长、学习委员），还包括临时性的岗位，如"一日班长"、"执周小组"等。再如，也可以从服务内容角度，设置学习类（如各学科课代表、早读检查员）、知识类（如气象记录员、饲养小组）、活动类（如宣传小组、接待员、评分员、记录员）、服务类（如卫生员、读报员、清洁箱保管员）和行为规范类（如仪表检查员、午餐管理员）。每个岗位有的由 1 人负责，有的由 2 人或更多人负责，还有轮流负责的。

（2）研究学生需要，动态调整岗位。班主任要打破"任命终身制"，实行"岗位轮换

[①] 取自李伟胜亲自参与一个实验班的研究时所写的案例《班干部改选的前前后后》，2002 年。

制",把"岗位竞选制"和"岗位轮换制"结合起来,让每个学生在岗位的轮换中,都有机会体验岗位的苦与乐,都能有机会锻炼自己的能力和胆量,体验岗位责任的重大,在体验岗位成功与失败中逐步成长。其中,"岗位轮换"实行"定期"与"不定期"相结合,实行"定岗位"与"不定岗位"相结合,即让学生在不同时期内担任不同的职位和职责,使学生能在方方面面得到锻炼。如"导读员"每周由五名学生负责轮换,每个班干部担任"导读员"一个月。一个月后,由另五个竞选的同学担任,任期也为一个月。而"导读员"任期满一个月后,也可担任"午休管理员"。这样每名学生担任不同岗位、职责,体验会更丰富些。当然,实行"岗位轮换"时,要注意不能更换过勤,不能变动太大,既有稳定性,又要有灵活性,班主任应在岗位轮换中,要求学生始终有集体协作精神,共同把班级工作搞好。①

4. 整体设计班级环境

班级环境布置,历来是班级管理不可缺少的一部分。不过,较为常见的情形是:在教室张贴名人名言、宣传画,按学校规定的主题布置黑板报、墙报,以迎接上级部门的定期检查。一些有艺术爱好的班主任和学生,也许能让教室增加一些艺术色彩。不过,对于"民主型班级"来说,还应关注的是班级环境是否反映了学生的成长气息,尤其是学生朝气蓬勃的发展成果、积极向上的精神状态。在这方面,可以尝试如下技法。

(1)关注学生成长,系统梳理学生生活内容。如同前面所说的系统梳理班级事务、民主设计工作岗位,我们也可以系统梳理学生的学习生活,以便更全面、更深入地将其反映在环境之中,使人的成长与环境氛围融为一体。在此,一个很重要的因素就是"眼睛向下"、关心学生的平常心。这并不意味着拒绝"眼睛向上"、执行上级布置的德育任务,而是切实做到从学生的立场来思考发展要求。此时,我们不仅可以创造性地执行上级布置的德育任务,更可以在上级布置的德育任务(包括规定的黑板报的主题和内容)之外创造性地开拓出新的内容。例如,在春游之后,让学生回顾前面着手准备和后面具体开展活动的过程,整理其中准备的一些文艺作品、照片,然后根据一定的专题来组织内容,办成班级的板报,用来展现大家当时的活动情景,体会同学之间相互

---

① 取自林晓斌、高玉华:《落实"岗位"的育人价值》,载于杨小微、李家成主编:《"新基础教育"发展性研究专题论文·案例集(上)——学校管理·班级建设》,第223页。

合作、一起创造欢乐的感受。这些活动,可以让大家一方面理性地提出班级规范、各岗位的角色要求,另一方面也通过丰富的体验来感受班级的成长气息。

(2)体现成长气息,全面设计班级环境。在布置环境时,可以适当取舍并整体协调学习园地、作品展示、公布栏、荣誉榜、新闻焦点、生活点滴、图书设置、益智角、装饰类、器材类、生物角等不同部分。至于教室外的布置,可考虑绿化走廊、柔化走廊(让冰冷的水泥墙闪现人性的柔光)①。当然,为了充分体现成长气息,应该充分地研究和敞现学生生活。有的学校还以此为契机,整体改进德育工作,甚至对全校每个班级提出创新的要求。例如,有一所实验学校提出,各班的环境布置主要有下列几部分:a.知识性环境,如图书角、生物角、信息栏等;b.挑战性环境,"比一比,谁的树上果子多?""赛一赛,博士蛙跳荷叶",难题角等等,体现学生各方面的评比;c.展示性环境,如书法作品、摄影作品、作文小报等,班中每个学生的作品都上墙,体现班级是大家的,创造属于每一个人;d.特色环境,有的班级是父母共同参与的读书活动,有的班有音乐接龙,有的是英语猜谜,还有的是反映学生课余生活的欢乐角等等。②

(3)激活学生生活,逐步提升文化内涵。环境布置不仅仅是用于反映学生生活,更是为了激活学生生活。这可以体现在两个方面:a.在动态调整环境布置的过程中,激发学生不断思考自身的发展状态、生活内容,不断创作出更新、更好的文化作品(包括文章、版面设计);b.在每一次环境布置之时,发动学生积极参与。

(二)班级管理工作的组织

班级管理工作的组织,主要是整体协调班级事务的分工、班级成员的组织。它是介于班级管理工作的策划和实施之间的一个具体筹备活动、调配教育资源的环节。当然,就实际工作而言,它与其他环节之间并非截然分开的,而是相互融合的。因此,我们只能在相对区分的意义上将其作为一个环节。

1.民主制订班级规章制度

任何组织都离不开基本的规范,班级也是如此,否则,它就难以建立正常的秩序和

---

① 参阅吴清山等著:《班级经营》,台北:心理出版社股份有限公司,1990年,第322—354页。
② 上海市闵行区华坪小学:《环境布置中积极创设"体现学生成长气息"的教室文化》,2004年。

运行机制。规章制度的制订,不仅起着维持秩序的作用,更起着有效的教育作用。这既体现在民主制订班级规范的过程之中,也体现在此后自觉遵守规范、维护规范乃至创造新规范的过程之中。显然,发动学生民主参与班级规章制度的制订(包括后续的维护和更新),可以成为一种具有重要教育价值的管理活动。这种管理活动,其实也应被视作教育活动。在这方面,可以进行如下尝试。

(1)自主理解学生规则,用以思考自身发展状态。在学生来到学校之前,教育系统已经为他们准备好了不少的"学生守则"、"准则"或"规范",这包括上自教育部、下至每个班主任所作的各种规定。不能否认,这些规章制度本身都有其合理性;但同样不能否认的是,有的学生一直没有机会、甚至没有勇气自主地审视这些规则,而是默默地接受着成人好心的管束。在"民主型班级"中,这样的情形是需要改变的。无论制定这些规则的部门或负责人拥有多么崇高的权威,孩子们自身拥有的精神生命尊严都不容忽视、而应受到更多尊重,因为他们必须成为自己和社会、今天和未来的主人;否则,我们培养的学生将留下重大遗憾。因此,尽管我们依然要求学生遵守这些已被赋予权威的规则,但一定要让学生主动地反思、审视这些规则的合理性,从而明智地理解这些规则、主动并有创造性地执行这些规则。

(2)策划班级生活方向,民主制订班级制度。一般来说,建立班级规章制度,可有多种方法。例如,a. 就建立的方式而言,有自然形成法、引导形成法、强制形成法、参照形成法、替代形成法。b. 就建立的管道而言,有由上而生、由下而生、平行移植、上下交融等选择。c. 就建立时间而言,可考虑分波分批式、重叠增强式、分层渐进式(将某种难度较高的常规分解成数个次级行为)、交互统合式等选择。

2. 整体安排系列主题活动

班级管理需要形成跨越几个学期的长期教育主线、提炼每阶段的发展主题。在此基础上,还需要在每个学期中,围绕发展主题,整体策划班级发展。其中,系统安排一个学期的系列活动,应当成为一条必用的技法。这样,就可以超越班级活动相互割裂、每次都从头做起的情形,从而极大地整合教师和学生的活动资源,解放师生的精力、时间,更重要的是开拓更广阔的精神生命空间。

(1)根据班级发展计划,协调不同阶段的活动。在制定班级计划时,比较常见的情形是照搬学校层面的"德育工作计划"之类的文件,将学校部署的相关活动填写在本班计划之中。这固然可以直接响应"上级"指示,但也有忽视学生需要的可能。相比之下,我们需要创造性地执行学校或上级德育主管部门的整体部署,尤其应将其落实于研究和满足学生成长需要的活动之中。其中,可以根据自主的班级发展计划,开发并协调一学期中不同阶段的活动。一位班主任就尝试着让班级活动系列化(即系列"大班会";每个"大班会"包括系列小型活动、即"小班会"),前后呼应,形成整体思路。

一个学期的6次班会①

第1次班会:树立目标,端正态度。开学初,带领学生确立"塑造良好人格、锻炼坚强体魄、磨砺顽强意志、开掘人文底蕴"的班级目标。倡导"乐学、勤学、会学,自律、自励、自强"的学习态度。

第2次班会:展示才艺,焕发活力。开学后不久,元宵节才艺展示活动,让学生尽情舒展自己的才华,激发大家共同创造好班级的热情与活力。

第3次班会:选举干部,共谋发展。在开学2周后,班级进行了班干部选举,同学们首先认真提名,候选人进行了竞选演讲,然后产生班委。通过这一过程,让全班学生都对班级发展现状和未来进行思考、讨论和选择。

第4次班会:完善方法,落实责任。讨论如何使用备忘录,提升每一位学生的责任意识,逐步学会发现、反思和策划自己的学习生活。

第5次班会:磨练意志,积极进取。为了准备4月份的第三届校运动会,以"锻炼体魄、磨练意志"为主题开班会,激发学生的进取心和竞争意识。

第6次班会:学会反思,树立自信。在5月下旬召开了关于"自信"的班会,让学生学会反思自己的发展情况、探讨进一步发展的目标和方法,学会在认真、踏实的努力中逐步树立自信,形成积极的自我意识。

(2)根据班级活动需要,相互之间分工合作。立足学生成长需要的班级活动需要班主任和学生们自主创造,而不是机械地搬用各种现成的做法。其中,将学生组织起

---

① 作者是上海市曹杨二中附属学校胡晔红。载于陆桂英主编:《建设民主集体,共创阳光人生》,第35页。

来，分工合作，可以有效地开发班级活动的教育价值，让每一名学生在积极参与活动中获得多方面的发展，包括融入班集体、加深同学间的相互了解和情感联系、充分锻炼并合理展示才能。例如，在确定班级活动主题后，可以成立班会筹备组，由班干部、班主任、学生代表组成。接着筹备组采用自荐与推荐的方法确定主持人、总负责人、后勤人员等若干名。然后，召开第一次筹备会议，主要由班干部、主持人、后勤及学生代表协商班队会的主题、形式、活动内容、环境的布置、需采访的对象、联系的工作等，分头落实，总负责人予以协调。① 在此基础上，有的班级还利用双班委制、小组合作等方式，形成 2 个或多个小组轮流策划和组织班级活动。同时，在小组内部，又合理分工，从而为更多学生提供成长机会。

3. 协调学生群体活动

在"民主型班级"中，应形成一个由个体、小组、班级组成的人际关系网。其中，每一位学生个体的发展活动都可以在班级整体中产生更充分的教育价值，每一项班级活动也应对所有学生产生教育作用。为此，应以更高境界的教育思想，梳理、整合并协调学生的活动。

（1）关注有个性特点的学生，将其发展纳入班级整体格局之中。学生发展存在差异，而这种差异可以成为班级管理的教育资源。就学业表现来说，有成绩优秀者、成绩居中者和暂时落后者；就行为表现来说，有班级活动的骨干分子、积极参与者和暂时孤独者。如果教师只是将学生看做相互孤立的个体，为每一类、甚至是每一个学生都付出足够多的精力，以促进他们的发展，那很可能会延续疲于应付的工作局面；若能借助班级组织和系列活动，则可以在这个班级人际关系网中具体关注处于每个网络节点位置的学生个体、小组和相应的活动。在后一种情形中，教师能以这种网络为背景，深入了解每个学生的发展状态，并在适当的时机对处于网络节点位置的人和事予以指导，从而"牵一发而动全身"，激活学生的思想，引导学生的成长。

（2）组建学生合作小组，形成富有活力的小团队。如上所言，在班级人际关系网中，小组是一个值得开发的重要节点。组建小组的方式可以多样化，并根据实际需要灵活

---

① 黄晓雁：《初中主题班队会"四步循环"式的探索》，载于杨小微、李家成主编：《"新基础教育"发展性研究专题论文·案例集（上）——学校管理·班级建设》，第 239—241 页。

调整。既可以将不同发展水平的学生组成一个小组,也可以在另一阶段、另一领域根据学生成绩组建学习小组,还可以根据学生自愿组合的原则、将非正式群体转变为班级正式群体。无论采用哪种方式,小组都应该成为富有活力、能切实促进学生个体和班级整体发展的小团队。如果我们愿意进一步努力,学生合作小组还可以成为同一班级所有学科教师共同利用的一个平台,用来促进每一门学科中的学习和发展。例如,有一位班主任团结其他教师,首先根据学习成绩、担任的职务及课堂纪律,把该班的学生划分为六个学习小组,并任命了学习组长(团员、课代表除外)。由于各位老师共同关注,在组长的带领下,同学们的荣誉感和团队意识得到了增强,给予身边同学帮助已成为自觉的行为,而这让他们感到个人和班级的生活更有意义。在该学期期末,不同学科的教师围绕"小组合作学习"专题开设了一系列研讨课,更将这一发展趋势推向了新的高潮[①]。

(3)利用学生友情小组,丰富班级生活内容。根据相互之间的友情和爱好而常在一起活动的学生,往往被看做班级非正式群体的一种。对于这类群体,可以给予关注、指导并加以利用,甚至与班级的正式群体融为一体,而不必像传统的做法那样视作班级整体发展中的消极因素。实际上,许多学生很看重与他人的交往,把这视为自己获得友谊、支持和进步的有效途径。他们常常在校内外聚集在一起学习、共同欣赏一些流行歌曲、打球、玩游戏,也常常谈论起班级中的事情。在要召开主题班会时,可以采用"招标"等方式,让他们相互合作,共同排演一些节目,参与班级活动策划与实施。有时候,这些小组的创意还会大大超过班主任的预想。在此基础上,还可以引导他们达到更高境界。例如,他们策划的活动,可以超越程式化的训话和模仿电视节目的小品、唱歌、演讲等方式;他们编排的节目,可以超越标准化的话语和"搞笑"式地、浅显地呈现学生生活,而是更多地反映他们内心的真实想法,进行深入的思考和交流[②]。

(4)以班级为单位,积极参与学校活动。在班级之上,学校层面的各种社团活动,如学生会、少先队、团委会及其他兴趣活动社团,也可以成为发展的舞台。例如,以班级为单位,通过年级内竞选、学校层面竞选等方式,选拔学生社团干部、理事等。有一所实验学校,还通过"校园小当家"这个平台展示并发展每个班级的集体个性。每个班

---

① 陆桂英主编:《建设民主集体,共创阳光人生》,第31页。
② 李伟胜著:《班级管理新探索:建设新型班级》,天津:天津教育出版社,2006年,第243页。

通过组织升旗仪式、红领巾电台、创新大播台、礼仪示范、收集反馈信息等活动,使班里每个学生的角色都由班级层面上升到校级层面。角色的整体平移使每项活动的内容、组织过程或实施过程都呈现着不同的特点:创新意识强,脚踏实地不足;民主意识强,集中意识不足;表现欲望强,协作意识不足……种种成功中蕴涵的失败,失败中孕育着的成功,都源自班级的集体个性。在与其他班级的比较中,来自师生各方面的反馈意见,都让学生意识到班集体的成长状态。虽然作为一项集中性的大活动,每班一学期只能"当家"一次,但是"当家"活动中的角色基础全来自于班集体平时的培养。而且,作为一项循环开展的常规性大规模的活动,学生始终处在一种关注其他班集体的成长和为"当家"作准备的状态之中①。

4. 凝聚资源汇成教育合力

学生获得影响的途径是多方面的,因此,作为专业教育工作者,尤其是将班级管理看做有特殊内涵的班主任,应该善于研究学生生活现实中的多种影响因素,从中开发并整合各种教育资源,用以促进学生主动健康地发展。

(1)团结科任教师,建设班级教师团队。班主任应该善于在校内发现和利用多方面的教育资源。其中,与本班学生接触最为密切、并与学生一起成为教学活动"复合主体"的科任教师,可以成为最重要的合作教育者。从学生发展的角度看,这些教师应该共同成为一种教师团队。在通常意义上,这一教师团队的合作主要表现为相互交流学生在上课、作业中的表现,协调教师的教育行为。这是许多班主任已经做到的。不过,对于在更高境界上创建"民主型班级"来说,这一团队还可以有更高层次的合作。这可以从如下几方面着手。a. 共同分析学生发展状况,商议班级发展目标。这可以在开学之时进行,也可以根据后续各阶段的需要而进一步合作。b. 参与组建学生合作小组,共同利用小组合作方式促进学生发展。实践研究证明,这是团结各科教师、形成团队合力的一个好平台。教师们可以通过这个平台来交流每个学生、每个小组的表现,协调相关的教育活动,为以小组为单位开展的各种主题活动提出要求、提供资料、予以指导。

(2)协调亲子沟通,开发家庭教育资源。与家长的沟通,历来是班主任所重视的

---

① 上海市闵行区实验小学:《活力,在研究性变革实践中萌动与勃发》,载于杨小微、李家成主编:《"新基础教育"发展性研究专题论文·案例集(上)——学校管理·班级建设》,第71页。

一个方面,即通过家访、家长会、家长委员会等方式,让家长了解学生发展状况、协助教师的教育工作。相比之下,在创建"民主型班级"时,还可以着眼于提升学生精神生活质量,根据班级整体发展需要,在更高层次上建立家校联系,乃至让家长贡献人生智慧,参与班级建设。有位初中班主任就曾利用长假之时,发动学生采访家长、亲友,"你在我这么大的时候,理想是什么? 现在,你的理想实现了吗? 为什么?"通过采访和撰写这方面的人生故事,利用家长和亲友的发展经历,培养学生清醒的自我意识、树立合理的理想、辨析发展思路。

（3）开发和利用社会教育资源。"民主型班级"应有开放的活动机制,这包括面向社会、开拓教育机会。可以组织学生一起调查了解社会教育资源,设计走进社会的教育活动。这既包括由学校安排的各种社会实践,更包括由班级学生主动策划的专项调查研究,还包括为班级主题活动搜集资料等活动。在如此构想时,我们会发现:这既包括学校或家庭周边社区中的教育资源,也包括来自各种社会人士的信息,还包括取自网络和其他大众传媒的信息资源。

（三）班级管理工作的实施

从一般意义上来说,从策划、组织到反馈、改进,都可以被看做是班级管理工作的实施。例如,组织学生共同开发班级工作岗位,具体执行相应的职责要求,组织阶段性的评议,这些都属于具体的班级管理工作。不过,从本书的学术观点来看,我们更需要从学生成长的角度,关注到"班级管理工作"的教育价值。此时,我们有必要站在学生的立场,将每一项具体工作看做是具有足够发展空间而又不失去可操作性的教育活动,或者是更大的教育活动的一部分。相应地,许多班级管理事务(如班级环境布置、岗位工作的评价和调整、学生合作小组的组建和完善、帮助学生采取具体措施实现发展目标),可以被整合进一项又一项班级活动之中,服务于学生的成长。此时,就不一定延续零散、琐碎的工作局面,更不必让学生和教师"人浮于事"、淡化了人的存在和发展。

这样,我们就可以尝试从"班级教育活动的实施"的角度来讨论"班级管理工作的实施"。

1. 根据学生需要选择活动主题

我们主张,班级管理需要形成长期教育主线、阶段发展主题,并由此整体策划班级发展。在此基础上,具体实施班级教育活动时,需要首先从学生需要出发,提炼并选择出合适的活动主题。在这方面,需要特别关注反映学生的发展状态、突出学生的成长体验。为此,可作如下尝试。[①]

（1）从学生自己的生活提炼主题。这是选择活动主题的最主要途径。应通过观察学生、分析其行为表现,综合考虑最近一段时间内学生们思想、生活、学习等方面反映出的共性问题,由此发现值得探讨的主题。这既包括值得防范的问题,如网络游戏、早恋、厌学、住校生行为规范不够理想等,也包括值得鼓励的发展方向,如加强与同学、家长和老师的沟通,合理利用网络来帮助人际交往和课程学习。

（2）从社会生活实际中生成主题。表面上看,这一途径似乎是远离学生生活。但是,若真能从学生成长需要的角度考虑,指导学生观察、分析国家和社会生活中与学生发展有密切联系的事情,可以从中发现值得关注的活动主题。这样的主题,包括学生感到疑惑、迷茫,需要进一步坚定信念、明确态度的问题,如《公民道德建设实施纲要》颁布后的诚信问题、环保问题等,还包括学生感到新鲜、希望了解或尝试的社会生活内容,如志愿者服务、不同行业人员的生活状况、青少年对流行音乐的感受等。

（3）从学校整体部署中选择主题。我们不赞成机械地根据上级安排来确立班级活动主题,但并不反对创造性地执行上级安排,因为我们相信,上级的安排也是为了让学生获得更好的发展。因此,如果学校有整体性的德育活动部署,我们可以利用这些机会,创造性地开发和选择班级活动主题。

2. 吸引学生参与设计实施活动

班主任的专业能力之一,就是发动学生主动呈现真实的生活内容,并在此基础上,培养学生主动策划班级活动的能力。因此,不仅要在意学生在每次班会活动中呈现的内容、产生的话语,更要在意学生在活动中的能力发展,尤其是策划、组织和实施班级活动的能力。实践研究表明,经过多次班级活动的锻炼,学生在这方面的能力可以得到充分培养。这可以体现在如下两个方面。

（1）在呈现丰富的生活内容的基础上,共同策划活动方案。一般来说,在初步指导之下,参照一些成功的活动案例,学生可以初步形成策划班级活动主要内容、基本环

[①] 参阅山东省淄博市临淄区实验中学齐洪文所写的《班级活动主题的确定》,2004年。

节的能力。不过,若无班主任更高专业智慧的启发,这类班级活动的境界难以得到有效提升。因此,班主任应该把握建设"民主型班级"的主要思想和方法系统,在此基础上具体指导学生策划活动。

例如,在一次活动中,先后出现了如下两稿班会活动方案。第一稿方案的主题是"实践活动——劳技中心",主要呈现 1 次集体活动的场景,交流其中的感受。这一方案处于常见的境界,即只要具有一定敬业精神的班主任可以指导学生达到的境界:班级活动有内容、有节奏。第二稿方案则处于符合"民主型班级"特征的新境界,是不仅敬业、而且具有更高专业素养的班主任才能指导学生达到的境界:班级活动有丰富内容、有鲜明节奏,更有更高的立意、更深的内涵。它在前一主题的基础上,提炼出"努力·成功·快乐"的主题,用以反映"我努力、我成功、我快乐"的成长体验,并据此形成整个班会 3 个逐步递进的层次[①]。

第 1 稿方案(活动主题:实践活动——劳技中心)

(2005 年 10 月 14 日)

平时在家中同学们是否参加了一些家务劳动? 例如:扫地、拖地、洗衣服、烹饪……9 月 9 日我们迎来了到劳技中心学习烹调的日子,下面请同学们谈一下在劳技中心一天的感受。　　　　　[选 4—5 个人发言]

听完了同学们的感受,就让我们穿越时空,回到那激动人心的一天!

[欣赏马同学这一组的 PPT]

回味了当时的气氛,同学们是不是回到了那一天呢! 是否有人记得有趣的烹饪过程。　　[请同学简单地陈述]。下面就让我们一起去欣赏烹饪时的趣事吧。　　　[陈同学这组的 PPT]

现在让我们来看一些食品[看图片],看看你会不会流口水! 看完了那么多精彩的画面,让我们再来做一个小游戏吧[赵同学负责]。

---

① 参阅陆桂英主编:《建设民主集体,共创阳光人生》,第 50—54 页。后续相关内容,可参阅此处及其后的阐述。

下面让我们来谈一谈烹饪的小经验吧[找会烧菜的同学发言]，接着一起来听一听家长对儿女的看法和学会烧菜的想法[一位家长的信]!

激动时的心情是一瞬间的,毕竟时间不会为我们而停留在那美好的一刻。在学厨的日子里,我们也遇到过挫折,也感到过自己成功的喜悦,但这是我们永远美好的回忆。[张同学这组的PPT]

当我们度过了那一天,我们也感受到了父母的辛酸和甘甜。我们的体会,也是父母长期以来的体会!

第2稿方案(活动主题:努力·成功·快乐)

(2005年11月9日)

一、呈现:美好的回忆(实践活动的三个场景)

1. 主持人通过演示文稿展示暑期实践活动、劳技中心学烹饪及学校一日义工活动的片花,通过主持人声情并茂的旁白,勾起学生的美好回忆。(旁白的内容选自同学们在周记中所写的体会)

2. (选取学生的部分体会制作成PPT)全班一起讨论:哪些体会最深刻? 哪些是最有利于我们成长的? 为什么?

二、拓展:真诚的理解(转换场景,寻找成功的快乐)

1. 请学生通过寻找日常生活及学习生活的成功事例,体会成功背后所付出的努力。(请四至五位同学做好准备,主持人也接受同学们的即兴发言)

2. 通过采访父辈的成功事例,进一步体会成功背后所付出的艰辛及守业的艰难,从而为今后的人生选择提供帮助。

三、提升:更多的思考(将感悟体验上升至理性化的认识)

1. 齐唱歌曲《真心英雄》,体会:认真努力,就会不断创造成功、享受快乐。

2. 班主任交流自己的发展体会。

（2）根据共同制定的活动方案，主动搜集资料、排练节目。在真实的班级管理中，班级活动方案的形成过程往往与相关的准备过程结合，并在实施活动的过程中集中展现，最终将整个系列活动推向新的高潮，产生更大的整体效应。相比之下，前期的策划和准备过程就是不断提升成长体验、酝酿情绪，达到"不愤不启，不悱不发"的状态，以便在班会中集中展现并提升到更高境界。在上述班级主题活动的筹备过程中，学生们有序地寻找身边成功的典型事例、采访部分同学及家长。同时，策划小组和班主任都积极组织学生进一步写稿、提出修改建议，相关的学生编排、演练节目，以便作更充分的准备。在此过程中，还应注意活动方式、节目形式的多样性，充分调动学生的积极性，满足学生多方面的有益兴趣。

3. 指导学生提炼学习生活感受

在搜集资料的同时，班主任还要特别注意指导学生提炼成长体验，而不应满足于学生最初的呈现。在此过程中，可以发动其他教师、学生家长一起帮忙，给予指点，以便深化体验，提升思想境界，提高表达水平。在这方面，可有如下技法。

（1）在形成活动主题之前，主动敞现自己的成长经历。正如前文已讨论到的，形成班级活动主题的过程也是一个共同摸索的过程。其中，让学生们共同敞现自己的成长经历，在此基础上逐步提炼成长体验，成为一个关键步骤。在这方面，班主任在平时就可注意协调班级中的人际关系，形成一种相互敞开心扉、通过积极交往共同提高的精神氛围，这是一个细致、长久而又非常关键的工作基础。

（2）在"努力·成功·快乐"的主题活动中，随着方案的调整，班会活动也有了较清晰的思路：呈现基本活动——拓展生活场景（用以丰富成长体验）——升华理性认识（也就是提炼成长体验）。相比之下，先前的设计和相应的资料（通过周记呈现的成长体验），主要停留在活动呈现的层面上，并没有从学生的生活出发，通过具体的活动让学生有一个自我教育的成长体验。后来，继续写的周记、对周记的修改，特别强调突出"外在的成果"（包括成功的成果和不够理想的成果），突出"内在的成长体验"（包括快乐的体验、成长的困惑、失败后的反思）。总之，需要敞现的内容核心是"我的成长体验"。我们希望让学生由此获得的启发是："我如何在自己的成长中掌握主动权？"

（3）在策划和实施活动的过程中，围绕主题反思和整理生活经验。在创建"民主型班级"时，"一次主题活动"的考察单位，并不是"一节班会课"或"在某一天完成的一项活动"。因此，尽管策划和实施主题活动的过程有可能会持续很长时间（2周—3

月），但我们应把这些过程都看做是让学生获得更有教育意义的成长体验的过程，而不仅仅看做完成"一节班会课"或"在某一天完成的一项活动"的外在手段。于是，我们应该非常关注学生在此过程中的主动反思，鼓励他们共同整理自己的日常生活经验，并由此学会逐步提高自己的精神生活质量。

就"努力·成功·快乐"的主题活动而言，自第一次策划起，班主任就注意让学生反思和整理生活经验。随着研讨的深入，班会主题越来越明确，老师和学生们的理解也越来越深入，于是，这种反思和整理也就遇到了更多困难，在克服这些困难的过程中达到了更高的境界。其中，第二板块的"转换场景、寻找成功的体验"，在10月底已布置全班学生撰写资料。

11月2日，班主任批阅了学生们所写的周记，发现大多数学生写得不符合要求。她考虑到：这可能是当时所提的要求不明确，也可能是处于准备期中考试的阶段，学生没有更多的心思专注撰写。大多数学生只是草草了事；也有些文章只是平淡地叙说父母对自己的好，怎样用实际行动感恩自己的父母；还有些文章只是简单叙述了一件事。总之，好像没有多少体验成长的感受。在期中考试最后一科考完后，班主任在班中对这次的周记进行了反馈，把写得较好的一篇文章进行了范读。同时，根据这篇文章已反映的内容，还提出了具体的要求：a. 采访父母的文章应着重写出父母获得成功背后的艰辛，写完后应让父母过目；b. 自己所写的事例应突出成功的体验，首先应感动自己。据此，请每名学生回去后认真反思和修改。

通过第二次的修改，撰写的资料已有了明显的提高，班主任和班委从中挑选了几篇再进行进一步的修改。另外，在日常的教育教学中，班主任还有意识地指导学生学会感受：例如当你顺利解答一道几何题、能想出不同的解题方法等等，这些都是成功的体验，其实它很平常、很细小，要学会去体验和感受。下面是其中一篇。

父亲①

夜深人静，我早已进入了梦乡，父亲拖着疲惫的身子回来了，有时我会被这熟

---

① 作者：上海市曹杨第二中学附属学校八(1)班学生宋骏杰，2006 年。

悉的声音惊醒,这似乎早已成了一种习惯,他洗刷完后,睡了。嘘！小声点,不要惊扰父亲,他累了。

十四年前,父亲来沪打工,靠修车子这门手艺挣钱。可想而知,要在人生地不熟的上海工作是很困难的,但是父亲做到了,他靠诚信的态度、精湛的技术、惊人的速度,赢得了顾客的好评与信任。父亲的工作量往往是别人的两倍,因此经常出现开头那一幕。有时父亲的生意会突然变得很好,车子排队等着父亲去修,那时,父亲忘记了饥饿与疲劳,工具在他的手上跳起了轻快的舞蹈,不一会儿,就全解决了。但是,望着父亲汗流满面以及那双沾满油污的手,我脑子一片空白。在别人眼里看来,父亲似乎很成功,买了房子,有了户口,但谁知道这是父亲在背后流了多少汗水,花了多少精力换来的。父亲的收入不算高,而我的开销就花去了父亲一半的积蓄,可父亲还是任劳任怨的做,为了我……

写到这里,我停下笔,回头看着正在修车的父亲,一滴汗水从他的额头滴落下来。嘘！小声点,不要打扰父亲,不要打扰父亲那颗爱子的心灵。

4. 后续活动让体验深化和升华

我们把策划和实施主题活动的过程看做是让学生获得更有教育意义的成长体验的过程,而不仅仅看做完成"一节班会课"或"在某一天完成的一项活动"的外在手段。与此相应,学生们共同完成"一节班会课"或"在某一天完成的一项活动"之后,学生的成长体验仍然在延续。如果善加利用,这就成为进一步提升学生生活品质的宝贵资源。在这方面,可作如下尝试。

(1) 沿着活动主题,继续深化体验。可以结合活动中被激发和进一步提升出来的成长感受,让学生在展望今后的学习、发展时,继续深化体验。这就将"教育活动"延续下去,而不是将这种成长感受随着"一件事务"的完成而终止。当我们这样考虑时,系列主题活动也就在不断生成,学生发展境界在不断提升;反之,每一次活动从头开始,每一次活动自然结束而没有教育意义的延伸,那就难免让班主任和学生陷入到周而复始的、低境界的繁杂事务之中,降低了班级管理的教育品质。

（2）反思主题活动，提炼新的体验。既然主题活动本身属于教育活动，其中的活动体验当然也可成为教育资源。相比之下，这是班级管理独有的教育资源，是比学科教学更占优势的资源。例如，在"努力·成功·快乐"之后，每一位学生在周记中作了反思。其中一篇是《班会感想》。

班会感想[①]

"……转眼又要和大家说再见了……"班会结束了，班会完美的落下帷幕。心中从未有过的快感油然而生，再也不用忙碌了。可随之而来的是落寞。结束了，想起我们六个人共创的班会，我释然。

这个班会像一本故事书。它虽比不上格林童话、安徒生童话那样经典，但它却包容了我们的快乐，悲伤，忧愁与青春。更重要的是，这本故事书是属于我们八（1）班永远的回忆。

快乐，是故事的第一章节，充满了美好的回忆。有暑期的活动，有菜市场的，城隍庙的，还有一日义工的。在PPT的展示过程中，有的是快乐，有的是让我们深思做个好公民，有的更是让我们忍俊不禁（比如陈臣说"边做边减肥，一举两得"，还有劳技中心的动手锻炼和男生搞笑的吃相）。

回忆，是故事的第二章节，充满了温馨。我想我们几个同学回忆的成功应该都讲出了同学们的心声吧（如果做不到那我可太失败了）。还有马同学的家庭故事令人深思，在这样的环境下依然能长成那么一棵挺拔的白杨，而我们如此幸福的家庭或许太过于"温室化"了，也许只是长成美丽的小花，柔弱不堪，经历不了挫折。但我相信，听了马同学的感想，我们应该有所考虑。家长的话让我有感而发。或许是时代的不同，在家中外婆的故事一次又一次地感动着我，外婆口中的人物，在我心中形成，幼小而又坚强，用那稚嫩的肩膀撑起属于他们的一片天。

---

① 作者：上海市曹杨第二中学附属学校八（1）班学生童静贤，2006年。

未来,利用"真心英雄"合上了故事书,或许有的同学碍于面子没有流泪(包括我,本来下来了,但又被我收回去了),但心头肯定酸楚。或许,在未来的几年,这又将成为回忆,但它不会像流行歌曲那样快的沉寂。当我再次打开周记本,它同样能让我落泪。

当学生如此感受班级主题活动、感受他们成长的每一天,我们就会深切地体会到,好老师,会成就学生精彩的人生;好老师,真的是"好成人之美"的功德无量的君子!我们甚至可以说,在所有的职业中,教师最能够在纯真的人际交往中,倾听到生命之花盛放之声,并因此而真情地享受到诗意人生!

(四) 班级管理工作的反馈

教育是一项充满理想、需要思想智慧的事业,她需要我们用心关照,用专业智慧来经营。其中,及时了解我们策划和实施的教育活动的进展,并根据这些反馈回来的信息调整我们的工作思路,应当成为新时代的智慧型教师所用的研究性工作方式的有机组成部分。在班级管理这项综合性的教育活动中,可以采用如下技法形成反馈机制。

1. 自主构建多元评价机制

班级管理要着力于提升每一位学生个体和班级整体的精神生活质量,就需要不断激活学生的自主意识、培养他们主动发展的能力。在这方面,可以发动学生一起自主构建让每一种班级生活因素都发挥作用的多元评价机制,以促进学生发展。在这方面,可以尝试如下做法。

(1) 评价岗位职责的履行情况。与前面在"班级管理工作的策划"中"系统开发班级工作岗位"相配套,在班级生活中,有必要定期或不定期地对学生在各种岗位上履行职责的情况进行评议,从而让学生对自己在集体生活中的角色表现有更清醒的理解,对自己可以发挥的积极作用产生更好的期待和策划。

例如,有的班级在民主生活会上,让学生交流工作的苦与乐,就可以进一步升华岗位的教育价值。在"诉说岗位苦"时,有的"导读员"委屈地说:"我早晨来到教室时,已经有一些同学到班,但是他们没有马上读书,而是闲着没事干,浪费了早晨宝贵的时间。我提醒他们回到自己的位置读书,可有的还和我顶嘴。"有的卫生员说:"打扫包干区时,有的同学拿着扫把挥动着,没有认真打扫,我叫他赶快扫,他还说不要我管。"另一方面,面对班干部的诉苦,其他同学也有话说:"他态度不好,我才不听他的。"在"笑谈岗位乐"时,"课前小老师"说:"以前我胆子小,声音小,担任了这个工作后,我觉得课前五分钟不再是无所谓了,而是和大家共同学习积累好词、佳句,积累名人名言,积累历史知识,我的胆子大了,知道当好班干部的责任重大,但很有意义,自我感觉良好。妈妈夸我有出息了。我感谢老师和同学给我锻炼的机会。"此时,更深入的沟通、改进,也就有了真实的基础。[①]

（2）评价发展目标的实现程度。在前期策划班级整体、合作小组和学生个体发展时,学生可以自主确立发展目标。随着教育活动的进行,有必要及时组织学生自主评价这些发展目标的实现程度,并以此为基础辨析自己的发展状态、反思自己的发展方式、展望今后的发展方向。其中,可以尝试:a. 让评价主体多元化,改变过去由班主任一人说了算的做法,改由"学生自评、小组评价、班委评价、班主任及科任教师评价、家长评价"的方式进行。b. 丰富评价的内容,例如,除保留"三好学生"、"优秀班干部"外,还设置多种奖项,如学习、劳动、体育、宣传"积极分子"、"文明学生"、阶段性的"班级之星"等。c. 把阶段性评价与日常评价结合起来。每周通过班务会及时评价班内表现突出的学生,通过班级日志记录班内的好人好事,或指出学生中存在的不足与问题。d. 建立学生成长档案袋,由学生自主收集本人成长中最有代表性的各项材料,如最满意的一次作业、试卷、作品、奖品等,每学期进行一次整理,由学生保存建档,记录、反思、展望成长过程[②]。

（3）评价班级活动的教育价值。班级活动的教育价值,最终体现在学生身上。学生作为发展主体,应该形成并彰显出对这些教育价值予以反思评价的能力。只有这样,才能真正激发出学生主动发展的意识、培养他们主动发展的能力,而不是重复着由

———————————

① 林晓斌、高玉华:《落实"岗位"的育人价值》,载于杨小微、李家成主编:《"新基础教育"发展性研究专题论文·案例集(上)——学校管理·班级建设》,第223—224页。
② 参阅福建省南安市国光初级中学陈剑峰的论文《构建自主多元的学生评价机制》,2004年。

成人预定发展目标和路径、由他人控制命运的传统道路。实际上,这体现了班级管理之不同于学科教学之处、体现了班级管理促进学生发展的独到优势。学生个体的学习活动、学生小组的合作活动、班级整体的主题活动,都可以由师生共同评价其成效,并最终落实到学生的自主评价之中。其中,具体的评价内容可以根据班级发展不同阶段的实际情况而有所调整。不过,一般来说,大致可以分成三个方面。第一,人,即活动主体,包括学生个体、小组、班级,还可以包括班级教师团队的成员;第二,事,即活动本身,包括活动的策划、组织、实施和反思的成效;第三,作品,即活动中产生的各种作品,如周记、相声、小品、自编歌词、演讲词、班报、网页等。

2. 健全立体化的交流反馈机制

在"班级管理的组织"中,我们探讨了"建立通畅的沟通渠道"。在此基础上,要充分发挥这些渠道的作用,形成良好的交流反馈机制。

(1) 充分用好日常交流手段。日常的交流手段,如周记、交谈(包括与学生个体、集体的座谈)等,不仅可以用来沟通信息,还可以通过互动来激活学生思想,促使学生不断前进,例如,一位班主任除了常与学生面对面地促膝谈心、及时处理各种问题之外,还定期召开座谈会,并根据班级发展情况,分别将不同的小组作为关注重点。其中,在面临毕业时,她还在学习小组的基础上根据部分学生的学习潜能、学习习惯、个性、与家长的沟通能力,将他们组成了两个小组,在专家、任课教师与家长的共同关注下,对他们进行专项的跟踪调查研究。对这两个小组分别进行的多次小规模座谈会,及时敞现学生的真实想法,疏导他们的心理,引导他们完善学习方法,取得了良好的效果。

(2) 利用网络提升思想境界。在条件允许的情况下,可以利用网络展开沟通,更可以利用有组织的方式引领学生在更高境界上展开真诚交流,从而不断提升班级生活质量,尤其是思想境界。有的班级已经成功地组建班级网页维护小组,吸收那些曾经迷恋网吧和电脑游戏的学生,创造一个更高级的游戏:不仅更新和美化班级网页,更要体会和研究同学们的精神生活状态,提炼出让同学们感兴趣的话题,引领学生相互交流,提高交往质量。例如,一个实验班就曾利用网络平台,弥补了毕业年级当面交往相对减少(因为许多班级活动被压缩了)的缺憾,并利用班级网页中的 BBS,围绕复习方法、小组合作方式、部分知识难点、与老师沟通心理感受等话题,在不同的同学、不同的老师之间建立起一个沟通网络,甚至在此基础上创造性地编出了电子班报,使得毕业前这一年的生活有了新的精彩、更高的质量①。

（3）利用班报深化理性思考。班报,可以用一个相对正式的方式,弥补其他交流反馈方式的不足,集中呈现平时分散呈现的交流情况,凝聚师生共同思考所产生的智慧,使学生在更深层次上对自身发展、班级生活进行理性思考。它还能活跃班级文化生活,让学生们在办班报的过程中建立深厚的友情,培养团结协作精神,学会与人为友,建立和谐的人际关系。同时,办班级小报,也为学生提供了培养文学兴趣、展示文学才华的天地。此外,随着现代化媒体技术的普及和网络的流行,发动班内学生专门成立一个网页小组,制作班级网页,甚至编辑电子版的班报,让他们在不断丰富网页内容的过程中增强集体荣誉感,感到作为这个班级成员的自豪与快乐,也让班报有了新的载体。

（4）利用班会全面加强沟通。班会,实际上是比课堂教学更为开放、也因此拥有更为广阔的自由创造空间的教育机会。只要班主任和学生们善加利用,它在学生之间、师生之间、老师之间、家长与学生和老师之间的沟通会更有成效。如果考虑到前述的班级主题活动的策划、组织和实施、反思等过程,就可以看到,其中可供自由发挥的资源非常丰富。第一章第二节所引用的《主动沟通》主题班会纪实,当为一个可资借鉴和超越的范例。

（五）班级管理工作的改进

这里所说的"改进"（improvement）,不仅仅指的是针对现存的问题的改变、进步,更是指在已有良好状态的基础上的自我超越,即"好上加好"地追求更高境界、实现更好的发展。此时,当然会在新的起点和平台上进行新的策划……本着这样的宗旨,我们就知道,沿着"策划—组织—实施—反馈—改进"的程序所进行的班级管理工作,其实是一个整体性的工作。如果一定要把它清晰地区分为这几个环节的话,那么,它们形成的是相互渗透、周而复始,乃至不断地实现螺旋式上升的过程。

1. 用典型事例促进学生发展

看似平凡的日常生活中,涌现出的典型事例,往往蕴涵着丰富的内涵,可以从中发

---

① 参阅陆桂英主编:《建设民主集体,共创阳光人生》,第122,131—132页。

现许多值得欣赏的有价值的美。但要发现这些美,须有专业的眼光。与此同时,对这些典型事例善加利用,可以有效地促进学生向更高境界发展。我们可以从如下几个方面予以尝试。

(1)评选先进典型,引导学生追求卓越。为学生提供良好的榜样,可以具体形象而综合性地体现出值得学生学习的优良品质,远胜于诸多缺乏形象性和内在整体感的孤独说教或长篇大论式的训导。为此,可以结合班级发展计划的制定、实施,结合班级活动的开展,组织学生在不同阶段、不同方面关注自己和同学的发展状态,评选出身边的先进典型,包括先进个人、先进小组或"好同桌",如班级之星、岗位能手……这与前面所说的系统设计班级工作岗位、建立通畅的沟通渠道、提炼学生成长体验、建立自主多元的评价机制等紧密相关,其目的都是让学生通过身边可见、可学的活生生的榜样,不断追求高尚的发展,而不是满足于达到固定的发展标准,尤其不能满足于讨好成人预定的固定标准。

(2)提炼成长体验,激励学生自主发展。这里所说的"提炼成长体验",与前面实施班级主题活动时有所不同,即重在敞现学生发展过程中的新体验,重在让学生之间相互理解发展历程、相互激活发展动力,从而让学生个体、小组和班级整体形成更好的自主发展机制。此时提炼出的成长体验,不一定是最值得学习或模仿的对象,而应是最有可能激发学生自主反思、最有典型教育意义的事例。例如,有一名学生,本以为自己肯定是某次主题班会的主持人,也就没有主动向老师表达自己的意愿。当另一位主动表达意向的同学被老师挑选为主持人时,他以为老师偏心,一下子跳起来,很生气地走了。班主任很诧异,后来经过多方面了解,才知道他一直很想做这个主持人。在他冷静下来后,班主任主动与他沟通,让他形成了更合理的认识。此后,在进一步策划该次班会时,这一事例被用在其中最后一个环节,以提升学生们对班会主题的理解。这名学生主动地写出了自己在这一事例中的感受,为该次班会的成功作出了新的贡献,同时也用鲜活的事例启迪着大家。

(3)关注关键时机,及时促进学生上进。真心着眼于提升学生精神生命质量,就会关注他们的成长过程。每个人都可能有不同的心理特征和成长轨迹,因此,针对每个人、每个小组和班级整体的实际情况,很可能会发现一些关键时机——此时,学生的发展面临着一些困惑,需要有智慧的班主任给予及时的点拨。如果这种点拨恰到好处的话,由此产生的跨越式的发展效应很可能会胜过许多其他教育手段。其中,如果能从班级整体发展的视野,看到不同学生之间的差异,并利用这种差异形成相互竞争与合作的氛围,培育一种自激活的班级生活机制,可让班级管理产生"四两拨千斤"的效果,从而有效地提高班级管理效率。

2. 引导学生不断追求更高目标

激励、点拨学生,可以有一个较为明确而可操作的方式,那就是引导学生不断树立目标、通过行动达到目标、然后在更高平台上追求新的目标……

(1)在实现目标的过程中发现更好目标。有一所实验学校,在多年探索中形成了初中生"自育承诺制",可以很好地说明这一方法。它以"主动发展,自主选择,信守承诺,优质互动"为特征,着力培养学生在多种可能纷至沓来的情况下的选择能力、判断能力。他们认为,引导学生自主选择发展的过程,是学生从判断到决策的过程,是自主意识从唤醒到兴奋的过程,也是从学生自我体认与评价到确定最近发展目标的过程。不过,应该看到发展过程的复杂性,发展水平的差异性,前行、停顿、后退、徘徊、反复相互交织,喜悦、沮丧、失望、向往、后悔交替产生,都直接影响发展目标的实现和发展进程的效率。因此,他们要求学生把自主选择的发展目标确定为个人的成长承诺,要求指导教师把对学生的指导培养确定为教师的教育承诺,还把学生家长引入到"自育承诺"中来,家长要把自己的检查督促确定为社会承诺,以信守承诺的道德机制作为"自育承诺"制的保证机制。此时,学生主动地选择确定发展目标、指导教师,教师和家长关注学生主动发展的目标,并为此目标的实现制定相应的策略,相互之间便产生积极的碰撞、心灵的共鸣,从而促进了多方朝着一致的方向共同发展①。此后,可以随着学生发展的进程,在新阶段继续选择新的发展目标,实现更好的发展。

(2)在日常生活中不断点拨激励。除了利用主题活动等方式创造典型的成长经历之外,班主任还应关注学生在日常生活中的发展。不过,这并不意味着重新回到"只见树木,不见森林"的琐碎事务之中,而是"既见森林,也见树木",在学生个体与集体整体发展的过程中,用心关注、选择并利用一些典型的日常事件,将其作为教育契机和教

---

① 赵双成、温顺浩:《初中学生"自育承诺制"的实践与研究》,载于杨小微、李家成主编:《"新基础教育"发展性研究专题论文·案例集(上)——学校管理·班级建设》,第200页。

育资源,通过及时点拨,促使学生不断前进。

有位班主任看到了类似的事例:王同学迷恋电脑游戏,与家长发生冲突离家出走;施同学被其他班级同学无故殴打后隐瞒不说;陈同学做作业的速度奇慢,严重影响睡眠;在行为规范方面令人哭笑不得的许同学,在学习上却显露出较高的智商……她希望通过这些小事的妥善解决帮助他们树立自尊心和自信心,教育他们勇于追求,自强不息,做一个诚实、自尊、自重、富有责任心和创造心的好学生。与此同时,她还先后选定了4名学生进行案例跟踪。针对他们的不良心理及行为习惯,运用典型事例来诱导启发他们,让他们学会整理自己凌乱的生活,思索自己的人生价值,并让他们承担一些合适的工作岗位,体验成功,增强责任感。通过每周的反思、家长、班主任及班干部的点评,让他们能够正确评价自己,进而引发他们的自尊、自爱、自强。经过一段时间的努力,这一措施收到较好教育效果。

(3)在反思总结的基础上追求新目标。在一些典型活动启动与完成之时,在一个阶段开始与结束之时,都可以引导学生反思已有的发展经历,总结成长经验,展望新的发展,从而树立新的目标,开始新的发展历程。

3. 及时更新班级生活机制

建设"民主型班级",归根结底是希望创立一种民主的班级生活机制。这样一种机制,显然不是一种固定化的生活模式,而是需要由师生根据班级发展需要而不断调整和更新的。为此,可以尝试如下方法。

(1)在推进发展中调整管理思路。在形成基本的班级管理体制后,可以根据实际推行的情况而调整,以适应学生的发展需要。例如,在实施值日班长工作制已达一个学期之后,班主任了解到:值日班长们普遍感到这个岗位的工作很辛苦,原因有两个方面。一方面,由于责任心和荣誉感,事事亲力亲为,因此感觉比较累;另一方面则是同学之间缺少合作的精神,无形之中增加了值日班长工作的压力。他们把这些苦恼倾诉给同学们,引起大家深深的反思,并经过讨论,提出了诸如加强班干部队伍建设、以小组为单位进行合作与评价等对策,使得值日班长的工作踏上了新的台阶。

(2)在班级生活中融通不同领域。文学创作中有一种修辞手法是"通感",又叫"联觉",即把各种感觉(听觉、视觉、嗅觉、味觉、触觉等)沟通起来,用甲感觉去描写乙感觉,而其依据可能是人们在审美活动中让各种审美感觉互相沟通、互相转化,例如,朱自清在《荷塘月色》所写的"微风过处,送来屡屡清香,仿佛远处高楼上渺茫的歌声似的。"如果我们不只是从事务处理的角度,而是从教育新人的角度来看待班级管理的话,我们也有可能在班级生活中创造类似美妙的意境,甚至让师生都领略到教育生活中的诗意人生。其中一种尝试,就是融通班级生活的不同领域,包括融通管理体制、活动机制和班级文化的建设,融通主题活动中的节目编排、剧本修改和学生成长体验的呈现与提炼,还包括融通班会现场活动、小组合作与班级环境布置。下面一例,可供我们鉴赏。

贯通"班会活动"与"环境布置"①

经过一段时间的努力,我们班的发展进入到新的阶段,将班级文化建设重点转向班级内涵发展。教室文化环境布置、班级文化活动的组织等方面成为班级文化生活的主要领域,在具体处理各种事项、展现各人个性特长、共同服务于班级建设的过程中,我们强调要丰富班级环境和各种活动的内涵,而不满足于反映学生真实生活和成长体验。这样,可以让学生的体验不断深化,让他们的思想不断提升。

2005 年 11 月,班会准备工作已处在倒计时,由于时间紧迫需要进一步压缩班会的内容。班干部创造性地提出:可以把部分班会的内容转化到班级环境的布置。看到只剩下两天的时间了,我对这一事情能否办成表示担心。此时,马同学、张同学主动请缨,各自承担了学习园地及黑板报的布置工作。

两天后,他们出色地完成了任务,为班会活动增色了许多。在这背后,我更多地关注他们工作的过程:他们在班中各自利用自己的影响力,挑选了部分有特长的同学很快组成两个小组,高效率高质量地完成了任务。当面对表扬时,她们却把功劳更多地记在了组员的身上。老师在为她们工作的主动性而叫好,更为她们工作方法的提升而欣喜。

之后,他们每月根据学校及班级所开展的活动主动变换黑板报及学习园地的

---

① 作者是上海市曹杨第二中学附属学校缪红。

内容。元旦前,经班委商议后,在班级的墙壁辟出专栏,写上了老师和同学们的祝福语言。学习栏旁边张贴着我班同学在本学期科技节、体育节等各项活动中所获得的奖项,真正做到了让墙壁说话。

（3）在共同进步中创造更高平台。当一个班级整体发展状态越来越好时,可以组织学生开拓创造更高的发展平台。这一方面体现在班级内部资源的进一步开发,发展境界的进一步提升,另一方面体现在让学生走出班级,放眼更为广阔的学校生活、社会生活,在更辽阔的天空中展翅高飞。此时,如果能主动参与到学校德育或学生发展工作方面的整体策划与实施,争取到学校、社区的更多支持,那就更好了。有一所实验学校,就曾经作出了一些探索。在这里,各班学生能积极参与学校层面的校园文化活动,积极承担各项活动任务。"校园之声"由各班轮流主持红领巾广播;每周一早晨的升旗仪式,很多时候由轮到大值周的班级分别承担,他们自选主持人、自定国旗下讲话的主题;读书节、文化节、义卖、社会实践等活动,也充分地发挥各班学生的自主性,让他们策划、实施。每项活动结束后,很多班主任和学生都主动给予点评,并提出改进的意见和建议,使这些活动进一步完善。许多这样的发展平台,既可以主动争取,也可以主动创造。若能如此不断开拓,班级管理这一综合性的教育活动,就能产生更好的育人价值。

行文至此,我们对班级管理方法系统"技术性方法层——操作技法"也进行了较全面的阐述和分析。从实践的角度来讲,再好的班级管理策略、措施,都要最终落实到最为具体的问题以及解决问题的班级管理操作技法。因此,我们不能因为"技法"在班级管理方法系统中居于"下位",在班级日常管理生活中体现为"平凡",而忽视它、贬低它;同样,我们也不能因为技法在解决班级管理事务、问题中的直接性和操作性,而忽视了每一项技法背后的思想支持和措施引领。智慧型的班主任应该建立班级管理方法系统的完整理解,实现其"思想性方法层——基本策略"、"谋划性方法层——主要措施"、"技术性方法层——操作技法"之间的融合转化,既要善于在班级管理的过程中"小法中见大道",也要善于"化宏观为微观",根据具体情境选择和创生班级管理的方法与智慧,真正过上一种完整、幸福、智慧的班主任教育生活。

结语

　　无论是在同行还是外行的眼中，班主任的专业特征似乎主要是勤奋与爱心。但是，在我们看来，无论是"勤奋"还是"爱心"，都不是班主任的专业特征，而是班主任的非专业特征，因为这是所有不担任班主任的学科教师，乃至热爱孩子或投身于慈善事业的其他非教育工作者可以拥有的特征。因此，我们下决心要探讨、辨析、彰显出班主任的专业特征，这就是"智慧"。这让我们有理由期待每一位班主任成为"智慧型班主任"，而不是停留于"勤奋型"或"爱心型"班主任的定位。

　　为了让这种期待转变为现实的行动方法，在本书中，我们用心梳理了班级管理的系统方法或方法系统。这一方法系统包括三个层次的工作方法：(1)思想性方法层的"基本策略"，(2)谋划性方法层的"主要措施"，(3)技术性方法层的"常用技法"。

　　掌握了这样一套方法系统，每一位班主任就有可能超越"勤奋型"班主任的角色定位，因为他(她)不必拘泥于琐碎的、甚至是层出不穷的事务。在用系统的眼光整合不同的资源、系统规划各项工作内容的过程中，可以同时实现两方面的效果：一方面，可以让班级中的每一项事务得到关注、合理完成，但又不会让班主任琐事缠身，而是让班主任用民主的思想激励每一位学生承担相应的责任，开发并用好每一个事务中潜藏的教育资源；另一方面，可以让班级发展的整体格局得以敞现在战略视野之中，从而让每一阶段的发展主题得以彰显、每一件具体事务都融入班级发展的"主旋律"之中。

　　掌握了这样一套方法系统，每一位班主任也可以超越传统意义上的"爱心型"的班主任,因为他(她)可以让自己的爱心充满教育智慧,彰显一个教育专业人士的"大爱"。他(她)会用自己的智慧激活每个孩子内心的活力、进而融成班级发展中不断生成的生命活力,并让这种生命活力环绕在班主任身边、环绕在每一个学生身边。于是,他(她)对学生的爱,就不再是单向的关怀、甚至是充满同情的恩赐或施舍,而是双向的相互激励、多项的互相激发,让更多的爱与智慧不断生成,让教育视野不断敞现出每个学生的生命空间、敞现出整个班级的活力舞台、敞现出人类的希望天地。

于是,我们就有理由相信:掌握了系统的工作方法的智慧型班主任,可以和孩子们一起创造新的生命内容,享受新的生命历程。

后记

前后持续了一年左右,终于完成了本书的写作工作,既感到欣慰,也感到遗憾。所欣慰的是,本书作者在力所能及的范围内,对班级管理系统方法做了一些努力的尝试或探索;所遗憾的是,由于水平、时间、精力所限,还是有许多地方感到不满意。需要特别感谢的是,华东师范大学教育管理系李伟胜博士作为丛书主编,一直对本书的写作给予了精神上和资料上的大力支持。尤其是在本书的统稿阶段,他仔细阅读全稿,进行了非常细致的修订,使本书增色不少。此外,本书关于班级管理方法系统的架构和基本观点,也主要是在李伟胜博士前期探索的基础上进行的展开性论述。因此,这本书与其是写作,不如说是在编写或学习。整个写作过程中,作者受益良多。

在本书写作中,本书作者还结合国内著名的班级建设改革研究实践、优秀班主任们的班级管理实践以及本书作者自己开展的班主任专业发展研究实践,在"班级管理方法系统"基本框架的基础上增加了一些新的理论性资料和实践性资料,提出了若干"班级管理方法系统"前提和内涵的新的理解。这些探索也许还不成熟,希望得到广大班主任教师、教育研究者以及相关人士的批评和建议。

需要特别感谢好友《班主任之友》杂志小学版责任编辑蔡涛的真诚理解和宝贵支持!本书对于我而言是一个新的尝试,况且精力、时间都非常有限,在当初犹豫是否接下这个任务的时候,富有侠义精神的蔡涛给予了最及时和最重要的支持和帮助,这样才鼓足勇气接下任务。不但如此,蔡涛还参与了第一章"一、班级管理领域存在的问题:班级管理方法缺乏系统整理"和第三章"三、班级管理方法系统的'技术性方法层'——常用技法"相关部分的初稿研讨,提供了宝贵建议和素材。记不清多少次了,在华科大宁静空旷的夜色中,我们彼此真诚深入地交流关于人生、理想、教育以及班主任工作领域的思想与观点。这样的过程,非常享受;这样的朋友,非常珍惜!特别感谢夫人张琴琴不可缺少的支持。在本书艰苦的写作过程中,她既给予了我生活上良好照顾和体贴,也用她近15年的中小学班主任工作经验不断地启发、修正我的观点。对于我而言,她是一个很好的知音和伴侣。

此外,也特别感谢导师叶澜教授以及卢寄萍老师、李晓文教授、李家成教授等学者。2005—2008年在华东师范大学教育学系攻读博士期间,我跟随他们深入一线实验学校,实地参与"新基础教育"研究中的"学生发展与班级建设"的理论与实践研究,真是受益终身!受此影响,我2008年毕业工作后,坚持在湖北省内外开展"班主任工作坊"的理论与实践探索,并取得初步的成效。这些经历或经验都直接影响着本书的主要思想和观点。

总之,要真正提升我国教育科学的研究水平和普及程度,应该是所有与教育有关人士的责任和使命。本书只是一个初步的探索,恳请广大读者提出宝贵意见,以便帮助作者不断改进。

李伟

2014年3月15日

华中科技大学教育科学研究院

(电子邮箱:rainman1003@126.com)